Wissenschaftliche Taschenbücher

WTB

Mathematik · Physik

W. Schoenborn
K. Fritzsch
G. Stanke

Lernverfahren für technische Systeme

Akademie-Verlag · Berlin

WTB Wissenschaftliche Taschenbücher

Eine Auswahl lieferbarer Bände

Heinrich Arnold
Physikalische Chemie der Halbleiter

Joachim Auth / Dietmar Genzow
Klaus H. Herrmann
Photoelektrische Erscheinungen

Hans Bandemer / Andreas Bellmann
Wolfhart Jung / Klaus Richter
Optimale Versuchsplanung

Frank Beichelt
Prophylaktische Erneuerung von Systemen

Joachim Bellach / Peter Franken
Elke Warmuth / Walter Warmuth
Maß, Integral und bedingter Erwartungswert

Wolfram Brauer
Hans-Waldemar Streitwolf
Theoretische Grundlagen der Halbleiterphysik

Siegfried Brehmer
Einführung in die Maßtheorie

Siegfried Brehmer
Hilbert-Räume und Spektralmaße

Ernst-Joachim Donth
Glasübergang

Christian Edelmann
Druckmessung und Druckerzeugung

Hannelore Fischer / Joachim Piehler
Modellsysteme der Operationsforschung

Gottfried Fritzsche
Grundlagen und Entwurf passiver Analogzweipole
Netzwerke I

Gottfried Fritzsche
Entwurf passiver Analogvierpole
Netzwerke II
Entwurf aktiver Analogvierpole
Netzwerke III
Zeitdiskrete und digitale Systeme
Netzwerke IV

Herbert Goering
Asymptotische Methoden zur Lösung von Differentialgleichungen

Herbert Goering
Elementare Methoden zur Lösung von Differentialgleichungsproblemen

Nina Hager
Modelle in der Physik

Claus Hamann / Joachim Heim
Hubert Burghardt
Organische Leiter, Halbleiter und Photoleiter

Martin Heinrich / Heinz Ulbricht
Mechanik der Kontinua

Eduard Herlt / Nikolaus Salié
Spezielle Relativitätstheorie

Helmut Hess
Der elektrische Durchschlag in Gasen

V. I. Karpman
Nichtlineare Wellen in dispersiven Medien

A. R. Kessel
Akustische Kernresonanz

Konrad Kreher
Festkörperphysik

Karl Lanius
Physik der Elementarteilchen

Dieter Leuschner
Grundbegriffe der Thermodynamik

Dieter Michel
Grundlagen und Methoden der kernmagnetischen Resonanz

L. I. Miroschnitschenko
Kosmische Strahlung im interplanetaren Raum

Peter Paufler
Phasendiagramme

Peter Paufler / Gustav E. R. Schulze
Physikalische Grundlagen mechanischer Festkörpereigenschaften
Teil I und II

Ulrich Röseberg
Quantenmechanik und Philosophie

Albrecht Rost
Messung dielektrischer Stoffeigenschaften

J. V. Sačkov
Wahrscheinlichkeit und Struktur

Wolfgang Schäfer
Theoretische Grundlagen der Stabilität technischer Systeme

Volkmar Schuricht
Fusionsreaktoren und Umwelt

Volkmar Schuricht
Kernexplosionen für friedliche Zwecke

Hubertus Stolz
Supraleitung

Werner Stolz / Reinhold Bernhardt
Dosimetrie ionisierender Strahlung

Wolfgang Blei
Erkenntniswege zur Erd- und Lebensgeschichte

Festkörperphysik
Entwicklungstendenzen und Anwendungsmöglichkeiten

Hans-Georg Schöpf
Von Kirchhoff bis Planck

Die Schöpfer der physikalischen Optik
Eine Artikelsammlung

Horst Melcher
Albert Einstein wider Vorurteile und Denkgewohnheiten

Helmut Friemel / Josef Brock
Grundlagen der Immunologie

Eberhard Hofmann
Funktionelle Biochemie des Menschen
Band 1 und 2

Lothar Jäger
Grundlagen der Klinischen Immunologie

Karlheinz Lohs / Dieter Martinetz
Entgiftung – Mittel, Methoden und Probleme

Joachim Nitschmann
Entwicklung bei Mensch und Tier

Stephan Schnitzler
Pharmakologische Aspekte von Immunreaktionen

Eberhard Teuscher
Pharmakognosie
Teil I–III

Klaus Budde / Helmut Bulle
Helmut Rückauf
Stöchiometrie chemisch-technologischer Prozesse

Klaus Dittrich
Atomabsorptionsspektrometrie

Werner Döpke
Dynamische Aspekte der Stereochemie organischer Verbindungen

Peter Hellmold
Hochtemperaturreaktionen

Falko H. Herrmann
Martina Ch. Herrmann
Das Hämoglobin des Menschen

Helmut Hrapia
Einführung in die Chromatographie

Erich Kleinpeter / Rolf Borsdorf
^{13}C-NMR-Spektroskopie in der organischen Chemie

Hans Luppa
Grundlagen der Histochemie Teil I und II

Autorenkollektiv
Reaktive Zwischenstufen in der organischen Chemie

Ernst Schmitz
Organische Zwischenprodukte

Joachim Schuppan
Theorie und Meßmethoden der Konduktometrie

Joachim Schuppan
Anwendungen der Konduktometrie

Wolfgang Wagner
Chemische Thermodynamik

Vorschau auf die nächsten Bände:

Roland Glaser
Grundriß der Biomechanik

Peter Hallpap / Dieter Stadermann
Stereochemie organisch-chemischer Reaktionen

Eberhard Jäger / Rolf Perthel
Magnetische Eigenschaften von Festkörpern

Artur Lösche
Molekülphysik

Hans Neumann / Kurt Stecker
Temperaturmessung

Robert Rompe / Hans-Jürgen Treder
Zur Grundlegung der theoretischen Physik

Dietrich Stoyan / Joseph Mecke
Stochastische Geometrie

Georg L. Trigg
Experimenta crusis in der modernen Physik

WTB

BAND 138

W. Schoenborn · K. Fritzsch
G. Stanke

Lernverfahren für technische Systeme

Mit 63 Abbildungen und 5 Tabellen

THEORIA CUM PRAXI
AKADEMIE-VERLAG · BERLIN

Reihe MATHEMATIK UND PHYSIK

Herausgeber:
Prof. Dr. phil. habil. W. Holzmüller, Leipzig
Prof. Dr. phil. habil. A. Lösche, Leipzig
Prof. Dr. phil. habil. H. Reichardt, Berlin
Prof. Dr. rer. nat. habil. H.-J. Treder, Potsdam

Verfasser:
Dr. Werner Schoenborn
Dr. sc. techn. Klaus Fritzsch
Dr. Gerd Stanke

Zentralinstitut für Kybernetik und Informationsprozesse
der Akademie der Wissenschaften der DDR Berlin

1983
Erschienen im Akademie-Verlag, DDR-1086 Berlin, Leipziger Str. 3–4

Lizenznummer: 202 · 100/409/83
Printed in the German Democratic Republic
Gesamtherstellung: VEB Druckhaus „Maxim Gorki“, 7400 Altenburg
Lektor: Dipl.-Phys. Gisela Lagowitz
LSV 1084
Bestellnummer: 763 129 9 (7138)
DDR 12,50 M
ISSN 0084-098X

Vorwort

Mit dem Begriff Lernen wird ein Komplex von Fähigkeiten und Verhaltensweisen der lebenden Materie charakterisiert, die sich im Verlauf der biologischen Evolution herausgebildet und beim Menschen ihre höchste Form erreicht haben. Die Entwicklung der Produktivkräfte brachte technische Systeme mit einer immer größeren Komplexität hervor, von denen auch Eigenschaften gefordert werden, die man bislang nur der lebenden Materie zuerkannt hat. Dazu gehören auch Adaption und Lernen. Für zahlreiche Aufgaben der Automatisierung und Informationsverarbeitung erweist es sich als vorteilhaft, die Systeme mit solchen Eigenschaften auszustatten, um eine verbesserte Anpassung an neue oder wechselnde Situationen zu erreichen. Insbesondere durch die Fortschritte der Rechentechnik und Elektronik ist es möglich geworden, technische Systeme zu schaffen, die über eine beträchtliche Informationsverarbeitungsleistung verfügen, relativ selbständig funktionieren und durch Belehrung bzw. Lernen bestimmte Verhaltensweisen erwerben oder verbessern können.

Dem mathematisch vorgebildeten und technisch interessierten Leser werden in einer anschaulichen Darstellung methodische Grundlagen und typische Anwendungsgebiete für Lernverfahren vermittelt. Neben der Erläuterung wichtiger mathematischer Verfahren — ohne durchgängige Beweisführung — und Begriffsbildungen werden praktische Fälle so behandelt, daß der Leser eine gewisse Urteilsfähigkeit über die Möglichkeiten technischer Lernverfahren auch auf seinem Arbeitsgebiet erhält. Wird dieses Ziel mit dem vorliegenden Taschenbuch erreicht, so erfüllt sich nicht allein die Intention der Autoren, sondern es werden auch die im Forschungskollektiv gesammelten Erfahrungen breiter genutzt.

Die Autoren danken Herrn Prof. Kowalewskij für zahlreiche Hinweise und anregende Diskussionen.

Berlin, Mai 1982

W. Schoenborn
K. Fritzsch
G. Stanke

Inhaltsverzeichnis

1. Einleitung

Bei zahlreichen Aufgaben der modernen Automatisierungs- und Informationstechnik erweist es sich als vorteilhaft, Eigenschaften der Adaption und des Lernens in das technische Konzept zu integrieren. Dies ist insbesondere dann der Fall, wenn die vollständige Modellierung der zu betrachtenden Prozesse aufgrund fehlender analytischer Beschreibungsmöglichkeiten nicht gelingt oder wegen starker zeitlicher Veränderlichkeit wenig Nutzen bringt.

In der Automatisierungstechnik erfordert beispielsweise die Regelung großer Systeme, wie z. B. Energieverbundnetze, adaptive Verfahren, weil es sonst nicht möglich ist, bei der Vielzahl von Einflußgrößen die stabile Energieversorgung zu gewährleisten. Hohe Flexibilität wird auch von Industrierobotern gefordert; sie werden von einem Bediener belehrt, eine bestimmte Handlungsfolge auszuführen, und können durch Belehrung umprogrammiert werden.

Schriftzeichen- und insbesondere Spracherkennungssysteme der Informationstechnik sind in gewissem Umfang fähig, sich auf neue Zeichensätze bzw. auf verschiedene Sprecher und Eingabeworte in einer Lernphase einzustellen. Diagnosesysteme der Medizin sollten in der Lage sein, und sind es z. T. auch, ständig neues medizinisches Wissen aufzunehmen oder vorhandenes Wissen zu korrigieren.

Die Erkenntnis über die wachsende Bedeutung von Lernverfahren bei der Lösung von Automatisierungs- und Informationsverarbeitungsaufgaben findet auch in der kybernetischen und informationstechnischen Literatur ihren Niederschlag. Dazu gehören Monografien von Zypkin (1970 und 1972), Lerner (1971), Duda und Hart (1973), Kowalewskij (1976) sowie Unger und Wysotzki (1981).

Die Begriffe *Adaption* und *Lernen* stammen aus dem Bereich der Biologie und Psychologie. Unter Adaption versteht man die Fähigkeit, sich an unterschiedliche Situationen anzupassen.

Das klassische Beispiel ist der Pupillenreflex, mit dem sich das Auge an unterschiedliche Helligkeiten anpaßt. Die wesentlichen Kenngrößen eines Adaptionsprozesses sind in der Regel zeitlich unveränderlich, d. h., die Adaption vollzieht sich stets in der gleichen Weise. Auch der Begriff des Lernens ist zur Erklärung von Phänomenen bei Organismen gebildet worden. Man versteht darunter einen Komplex von Fähigkeiten, sich unter Anleitung oder selbständig neue Kenntnisse und Fertigkeiten anzueignen. Im einzelnen wären zu nennen:

— bedingter Reflex,
— Speicherung und Erinnerung,
— Abstraktion und Begriffsbildung,
— Hypothesenbildung.

Nicht alle diese Leistungen sind an das Vorhandensein von Intelligenz gebunden. Bedingter Reflex und Speicherung sind bereits mit Erfolg auf technische Systeme übertragen worden, bei der Abstraktion, der Begriffsbildung und der Hypothesenbildung gibt es bescheidene Anfänge. Parallel dazu entwickelt sich die psychologische Forschung zum Lernverhalten weiter, wobei hierbei stets eine enge Kopplung zu Phänomenen der Intelligenz besteht.

Insbesondere durch die Fortschritte der Rechentechnik und Elektronik ist es möglich geworden, technische Systeme zu schaffen, die über eine beträchtliche Informationsverarbeitungsleistung verfügen und relativ selbständig in realen Umwelten agieren. Ungeachtet dessen sind die bisherigen Erfolge, Eigenschaften des Lernens und der Adaption auf technische Systeme zu übertragen, noch gering im Vergleich zu den potentiellen Möglichkeiten.

Zwei wichtige Methodologien haben sich bisher durchsetzen können:

1. Entwurf lernfähiger Strukturen und Lernalgorithmen in Umsetzung neurophysiologischer und psychologischer Modellansätze für Lernverhalten,
2. Setzen von Lernzielen in Form von Gütefunktionalen und die Ableitung von Iterationsverfahren zur Optimierung der Systemparameter.

Von *Lernfähigkeit* spricht man dann, wenn das System in der Lage ist, sein Verhalten durch Aufnahme von Umweltinformation im Sinne eines vorgegebenen Kriteriums zu verbessern. Durch Gütekriterien wird das *Lernziel* vorgegeben. In den Kriterien wird das tatsächliche Verhalten des Systems bewertet, die höchste Bewertung erhält das im Lernziel geforderte Verhalten. Das Lernziel charakterisiert den Zustand eines Systems, in dem durch eine entsprechende Einstellung veränderlicher Systemparameter oder die Wahl einer geeigneten Systemstruktur, die durch ein Gütekriterium vorgegebene Leistungsfähigkeit erreicht wird. In der Regel ist dies ein bestimmtes Eingangs-Ausgangs-Verhalten.

Bei der Definition eines Lernziels im statistischen Sinne hat sich folgende Methodologie allgemein durchgesetzt. Die verfügbare Menge von Objekten zur Einstellung des Systems wird in eine Lernstichprobe und eine Teststichprobe aufgeteilt. Zunächst wird mit Hilfe der Lernstichprobe das System so eingestellt, daß das vorgegebene Kriterium erfüllt wird. Danach wird das Verhalten des Systems mit der Teststichprobe untersucht. Ergibt sich für Lern- und Teststichprobe annähernd das gleiche Verhalten, so ist auch die Generalisierung von Lern- auf Teststichprobe gegeben und das Lernziel erreicht.

Das Anliegen dieses Buches ist, den Leser mit den methodischen Grundlagen und dem Anwendungsbereich technischer Lernverfahren vertraut zu machen. In den Kapiteln 2 und 3 werden die methodischen Grundlagen technischer Lernverfahren eingeführt. Technische Lernstrukturen werden nach ihren Eigenschaften systematisiert. Im Mittelpunkt stehen die Darstellung von Lernzielen durch Gütefunktionale mit Parametervektoren und Iterationsverfahren zur Parameteroptimierung mittels Stichproben. Iterationsverfahren auf der Basis des bekannten Fehlerkorrekturalgorithmus (Perzeptron-Alg.) und auf der Basis der stochastischen Approximation werden am Beispiel von Zweiklassenproblemen diskutiert.

Das Kapitel 4 geht auf Lernverfahren in der Merkmalsextraktion, Klassifikation und Clusterung ein. Die in Kapitel 5 ausgewählten Beispiele zur Schriftzeichenerkennung, Teileerkennung für Industrieroboter und Fernerkundung der Erde illustrieren typische Bedingungen für den Einsatz von Lernverfahren in der Mustererkennung.

Zu Lernverfahren und ihrer Anwendung in der Mustererkennung existiert eine umfangreiche Literatur in Form von Zeitschriftenartikeln, Kongreßberichten und Monografien. Dem Charakter und Anliegen dieses Buches entsprechend werden vorzugsweise umfassende und zusammenfassende Darstellungen zitiert, die durch eine Auswahl von Artikeln (insbesondere aus dem Arbeitskollektiv der Verfasser) ergänzt werden.

2. Lernprozesse und Lernstrukturen

2.1. Grundmuster technischen Lernens

Durch das Attribut „technisch“ nehmen wir eine Eingrenzung auf nicht natürlich gegebene Lernprozesse mit bereits erwiesener bzw. potentieller praktischer Nutzbarkeit vor. Obwohl es keine allgemein anerkannte Definition für *Adaption* und *Lernen* gibt — schließlich gehören die beiden Begriffe zum Fachwortschatz sehr verschiedener Disziplinen — wird das Vorhandensein gewisser Grundmuster übereinstimmend angenommen. Derartige Grundmuster wurden zuerst aus der Analyse des Lernverhaltens bei Lebewesen erschlossen.

Je nach der Leistungsfähigkeit ihres neuronalen Systems sind Lebewesen in der Lage, mehr oder weniger komplizierte Umweltmodelle aufzubauen und gegebenenfalls zu verändern. Der hohe Grad an Zweckmäßigkeit, den Lebewesen durch Anpassung zu erreichen vermögen, regen die Wissenschaftler und Techniker an, lernfähige Systeme und auch neuartige Verfahren zu entwickeln, die als technische Lernverfahren zu bezeichnen sind.

Im folgenden werden Grundmuster technischen Lernens vorgestellt, wobei dort, wo es geeignet erscheint, auch auf entsprechende Grundmuster organismischen Lernens Bezug genommen wird.

2.1.1. Einlernen

Das Vorhandensein eines Informationsspeichers ist eine Grundvoraussetzung für das Lernen. Er wird für die Speicherung der Lernprozedur selbst und für die Speicherung der zu erlernenden Parameterwerte benötigt. Geht man davon aus, daß sich das Erreichen eines Lernziels in einer Verhaltensänderung gemäß einem vorgegebenen oder intern aufgestellten Kriterium äußert, so wird man die reine Informationsspeicherung nicht als Lernprozeß bezeichnen. Wenn allerdings das technische System mit Mitteln ausgestattet ist, die die gespeicherten Informationen in ein entsprechendes Verhalten umzusetzen vermögen, ergibt eine Änderung des Speicherinhalts eine Verhaltensänderung, und eine der Grundbedingungen für einen Lernprozeß ist erfüllt. Jede Abfrage des Speicherinhalts führt zu einer bestimmten Abfolge von Aktionen.

Beim Einlernen durch Abspeichern werden die die Funktion des lernfähigen Systems bestimmenden Parameter ohne nennenswerte Informationsverdichtung aus den Parametern des Eingangssignals gebildet. Mechanismen zur Fehlerunterdrückung bzw. Generalisierung sind nicht vorgesehen. Fehlerhaft übergebene Parameter haben ein entsprechend fehlerhaftes Verhalten zur Folge. Dies ist nicht erstaunlich, da das System lediglich wiederholt, was eingelernt worden ist, d. h. kein eigenes Umweltmodell besitzt und die Sinnfälligkeit der Information, die der Lehrer übergibt, nicht prüfen kann. In einem Umweltmodell lassen sich z. B. Beschränkungen der zulässigen Parameterwerte unterbringen, so daß eine fehlerhafte Belehrung, die sich in einer Überschreitung dieser Werte äußert, vom lernfähigen System selbst erkannt wird.

Dem oben beschriebenen Einlernen liegt ein sehr einfaches Schema zugrunde. Wenn der Lehrer eine Belehrung einleitet, erhält die neue Information das Gewicht Eins, die früher eingelernte Information wird überspeichert, d. h. bekommt das Gewicht Null. Man kann das auch so ausdrücken, daß im lernfähigen System ein festes, deterministisches Umweltmodell vorhanden ist, das bei jedem Einlernvorgang neu aufgebaut wird.

Auch im biologischen Bereich gibt es Lernprozesse, die sich phänomenologisch als Null-Eins-Bewertungen beschreiben lassen, wenngleich die zugrundeliegenden Vorgänge von weitaus komplexerer Natur sind:

Erwachsene Kröten fressen keine Hummeln, weil sie die Erfahrung gemacht haben, daß Hummeln sich mit Stichen zur Wehr setzen. Füttert man junge Kröten mit einer Art Raubfliegen, die sich durch Mimikry dem Aussehen von Hummeln angepaßt haben, jedoch keinen Stachel besitzen, so werden sie diese so lange fressen, bis sie sich einmal eine Hummel zur Nahrung wählten, die sich wehrte. Danach fressen sie weder Hummeln noch Raubfliegen.

Das Vermeiden von Schmerzempfindung dominiert alle anderen Lernziele. Der Speicher, in dem die Lerninhalte aufbewahrt werden, ist nach diesen prägenden Lerninformationen für weitere äußere Signale nicht mehr ansprechbar. Die Lerninhalte sind nahezu irreversibel eingeschrieben. Hier wird durch das Einlernen eine irreversible Änderung des Gedächtnisses, d. h. des Informationsspeichers bedingt.

Die Wiederholbarkeit einer Verhaltensweise bei der gleichzeitig vorhandenen Möglichkeit, durch Ändern des Speicherinhalts ein neues Verhalten zu erzeugen, wird in der Technik oft gefordert. Als Beispiel sei das Einlernen bei Industrierobotern genannt, das im Abschnitt 5.2. näher erläutert wird.

2.1.2. Automatenlernen

Verschiedene Vorschläge zur Realisierung von lernfähigen Systemen mit Null-Eins-Bewertungen wurden von Automatentheoretikern gemacht. Wir beschreiben hier kurz einen automatentheoretisch begründeten Ansatz. Ein lernfähiges System wird modelliert als ein Automat, der im Lernbetrieb als sequentielle Schaltung und im Kannbetrieb als kombinatorische Schaltung arbeitet [El-Fattah, Foulard (1978)].

In einer sequentiellen Schaltung ist die aktuelle Ausgangsgröße nicht nur von der aktuellen Eingangsgröße, sondern auch von einer Folge von Eingangsgrößen bis zum aktuellen Zeitpunkt bestimmt. Beim Lernen ist dies wie folgt zu interpretieren. Die Eingangsfolge von Signalen soll den Zustand des lernfähigen Systems so ändern, daß das geforderte Eingangs-Ausgangsverhalten immer besser eingestellt wird. Somit hängt das Ausgangssignal, in dem das Maß der Annäherung an das Lernziel bestimmt werden kann, von einer aus mehreren Elementen bestehenden Folge von Eingangssignalen ab. Dies ist gerade das Charakteristikum einer sequentiellen Schaltung. Im Kannbetrieb ist das Ausgangssignal nur vom aktuellen Eingangssignal abhängig, womit das wesentliche Kennzeichen einer kombinatorischen Schaltung erfüllt ist.

An dieser Stelle ist allerdings anzumerken, daß der automatentheoretische Zugang im wesentlichen beschreibend und kaum konstruktiv in dem Sinne ist, daß auf seiner Grundlage praxisrelevante Lernverfahren entwickelt werden können.

Die Automatentheorie bietet jedoch ein gutes Rüstzeug für die allgemeine Darstellung der Lernproblematik. Eine Lernaufgabe ist z. B., eine Folge von Eingangsgrößen (Belehrungsfolge) so zu bestimmen, daß nach deren Eingabe der Automat auf jede der nun folgenden Eingangsgrößen mit genau der richtigen Ausgangsgröße antwortet und damit das für die Kannphase geforderte Lernziel erreicht [Menzel (1970), Gössel (1972)]. Praxisrelevante Lerntheorien müssen nicht nur eine Beschreibung des Zustands eines lernfähigen Systems, sondern auch eine Bewertung dieses Zustands ermöglichen.

Wichtige Begriffsbildungen der Automatentheorie lassen sich sehr gut in Graphendarstellungen veranschaulichen. Die Lösbarkeit einer Lernaufgabe ist z. B. dann gegeben, wenn im Graphen ein Weg vom Ausgangszustand zum Zielzustand existiert (Abb. 2.1a). Die Effektivität eines Lernalgorithmus läßt sich an der Länge des während des Lernens im Graphen zurückgelegten Weges im Vergleich zum kürzesten Weg messen (Abb. 2.1b). Verbotene Zustände dürfen während des Lernens nicht durchlaufen werden, weil dort z. B. Havariesituationen vorliegen (Abb. 2.1c).

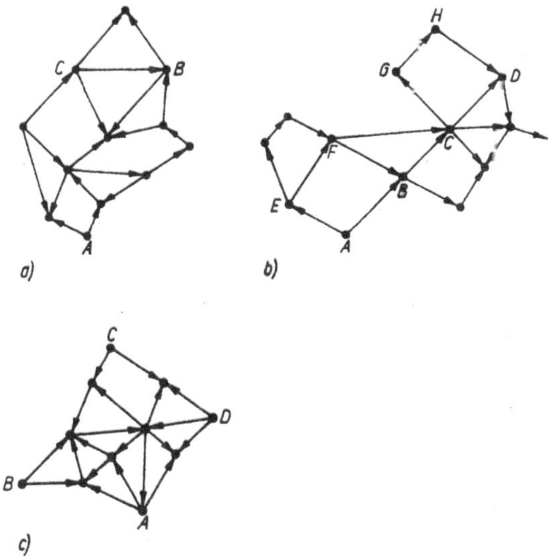

Abb. 2.1. Graphendarstellungen für Lernprozesse
a) A — Ausgangszustand, B — erreichbares Lernziel,
C — nichterreichbares Lernziel
b) $ABCD$ — optimaler Weg, $AEFCGHD$ — Lernweg
c) B, C, D — von A aus nicht erreichbare Zustände

2.1.3. *Erlernen von Systemparametern (Parameterlernen)*

Das Einlernen geschieht in einem Schritt, so daß Fehler des Lehrers sich im Kannbetrieb voll auswirken. Die Fähigkeit zur Korrektur bzw. zum Ausgleich fehlerhafter Lernschritte wird man als wichtiges Kennzeichen der höheren Formen technischen Lernens bezeichnen müssen. Eine Möglichkeit ist das Lernen in kleinen Schritten, wobei der bereits aufgebaute Speicherinhalt durch jeden Schritt nur modifiziert, aber nicht vollständig geändert wird. Damit ist ein Ausgleich fehlerhafter Lernschritte möglich.

Die wichtigste Methode des Lernens in Schritten ist das Parameterlernen. Ein Parameter ist eine Größe, die gewisse allgemeine Charakteristika eines Prozesses oder eines Systems ausdrückt, in der Regel aber nicht explizit gegeben ist. Lernprozesse zur Ermittlung optimaler Parameter werden unter der Bezeichnung *Parameterlernen* eingeordnet. Das Wesen des Parameterlernens besteht darin, daß die in den Belehrungssignalen enthaltenen Zufälligkeiten abgetrennt und signifikante Kenngrößen ausgesondert werden. Die Adaption an die Umwelt geschieht während der Einstellung der Parameter auf optimale Werte im Sinne eines vorgegebenen Kriteriums. Je nach dem Grad der A-priori-Information sind die Parameter als solche entweder vorgegeben und durch den Lernprozeß sind nur deren optimale Werte zu bestimmen, oder es ist zunächst eine Anzahl von m Parametern aus einer vorgegebenen Menge von n Parametern ($m < n$) auszusondern und im Anschluß daran sind die optimalen Werte dieser m Parameter zu ermitteln. Im allgemeinsten Falle sind die Parameter durch Transformationen zu bestimmen.

Das Parameterlernen läßt sich in einigen wichtigen Spezialfällen aus wahrscheinlichkeitstheoretischen Betrachtungen ableiten. Von grundlegender Bedeutung ist eine von Bayes im vorigen Jahrhundert aufgestellte Beziehung. Die Bayes-Regel [Lexikon der Kybernetik] setzt die bedingten Wahrscheinlichkeiten $P(a/b)$ und $P(b/a)$ zueinander in Beziehung

$$P(a/b)\,P(b) = P(b/a)\,P(a).$$

Wir behandeln hier das konkrete Beispiel des Einlernens einer Entscheidungs- oder Klassifikationsregel. Eine Stichprobe $\mathcal{X}$ (Menge) von klassifizierten Objekten $\boldsymbol{x}$ liege vor, wobei $\boldsymbol{x}$ ein Merkmalsvektor aus Meßwerten ist. Während der Belehrung werden die Objekte mit bekannter Klassenzugehörigkeit angeboten.

Aus dieser Stichprobe sind die bedingten Wahrscheinlichkeitsdichten $p(\boldsymbol{x}/k)$ und die A-priori-Wahrscheinlichkeiten der K Klassen zu schätzen, um die A-posteriori-Wahrscheinlichkeit $P(k/\boldsymbol{x})$ für das Vorliegen der Klasse k bei Angebot eines Objekts unbekannter Klassenzugehörigkeit zu schätzen. Die Bayes-Regel wird hier unter Verwendung von

$$p(\boldsymbol{x}) = \sum_{j=1}^{K} p(\boldsymbol{x}/j)\,P(j)$$

in der Form

$$P(k/\boldsymbol{x}) = \frac{p(\boldsymbol{x}/k)\,P(k)}{\sum_{j=1}^{K} p(\boldsymbol{x}/j)\,P(j)}$$

angewandt.

Die optimale Entscheidungsregel für die unbekannte Klasse k hängt von den Vorgaben für die Kosten der falschen und richtigen Entscheidungen ab. Nimmt man an, daß für eine richtige Entscheidung keine Kosten anfallen und alle Fehlklassifikationen gleich bestraft werden, ergibt sich die Entscheidungsregel (s. Abschnitt 4.2.1.):

$$\text{Wenn } p(\boldsymbol{x}/k)\,P(k) > p(\boldsymbol{x}/j)\,P(j) \text{ für alle } j \neq k, \tag{2.1}$$

so $\boldsymbol{x} \in$ Klasse k.

Problematisch ist die Schätzung der $p(\boldsymbol{x}/k)$, denn der erforderliche Stichprobenumfang ist bei hochdimensionalen $\boldsymbol{x}$ extrem hoch. Daher wird meist eine Parametrisierung vorgenommen. Hierfür gibt es zwei wesentliche Methoden:

— Parametrisierung der Verteilungen, z. B. Normalverteilung (Abschnitt 4.2.2.)
— vollständiger Verzicht auf die Verwendung von Verteilungen (Abschnitt 4.2.3.)

Wie letzteres in der Praxis aussieht, soll anhand eines Spezialfalls dargestellt werden.

Wir betrachten zunächst ein *Zweiklassenproblem* mit voneinander unabhängigen Komponenten des Merkmalsvektors $\boldsymbol{x}$ und gleichen A-priori-Wahrscheinlichkeiten $P(1) = P(2)$. Die Klassenentscheidung wird aus dem Vergleich von $p(1/\boldsymbol{x})$ und $p(2/\boldsymbol{x})$ gefällt. Da der Logarithmus eine monotone Funktion ist, folgt aus (2.1):

$$\text{Wenn } \lg \frac{p(1/\boldsymbol{x})}{P(2/\boldsymbol{x})} \geqq 0, \text{ so } \boldsymbol{x} \in \text{Klasse } 1, \tag{2.2}$$

sonst $\boldsymbol{x} \in$ Klasse 2.

Unabhängigkeit der Merkmale innerhalb einer Klasse bedeutet

$$p(\boldsymbol{x}/1) = p(x_1/1)\,p(x_2/1)\cdots p(x_n/1).$$

Gl. (2.2) schreibt sich dann in der Form:

$$\text{Wenn} \sum_{i=1}^{n} \lg \frac{p(1/x_i)}{p(2/x_i)} \gtreqless 0, \quad \begin{array}{l} \text{so } \boldsymbol{x} \in \text{Klasse 1} \\ \text{sonst } \boldsymbol{x} \in \text{Klasse 2.} \end{array}$$

Nehmen die Merkmale nur die Werte 0 und 1 an, folgt daraus

$$d = \sum_{i=1}^{n} x_i \lg \frac{p(2/x_i = 0)\, p(1/x_i = 1)}{p(1/x_i = 0)\, p(2/x_i = 1)} + \sum_{i=1}^{n} \lg \frac{p(1/x_i = 0)}{p(2/x_i = 0)} \tag{2.3}$$

Mithin gilt:

$$\text{Wenn } d = \sum_{i=1}^{n} x_i w_i + w_0 \geqq 0, \text{ so } \boldsymbol{x} \in \text{Klasse 1}$$

und

$$\text{Wenn } d = \sum_{i} x_i w_i + w_0 < 0, \text{ so } \boldsymbol{x} \in \text{Klasse 2,} \tag{2.4}$$

wobei w_0 und w_i Abkürzungen für die Terme in (2.3) sind. In diesem Fall sind für die Entscheidungsregel in Form einer linearen Funktion nur die Parameter w_i zu erlernen, was offensichtlich viel weniger Aufwand erfordert, als die Verteilungsdichten $p(\boldsymbol{x}/1)$ und $p(\boldsymbol{x}/2)$ zu schätzen. Lineare Entscheidungsregeln ergeben sich auch in dem Fall, wenn die Klassenstreuungen sämtlich durch dieselbe Kovarianzmatrix beschrieben werden (s. Abschnitt 4.2.2.).

Ein etwas allgemeinerer Fall ist in Abb. 2.2 dargestellt. Für die Klassifikation braucht man nur den Verlauf der Fläche $p(\boldsymbol{x}/1) = p(\boldsymbol{x}/2)$. Bei einer Polynomialdarstellung der Entscheidungsfläche übernehmen die Koeffizienten die Rolle der Parameter. Der auf der Basis der Entscheidungsregel (2.4) arbeitende lernfähige lineare Klassifikator ist ein recht anschauliches Beispiel, wie aus den sehr allgemeinen und daher umständlich zu handhabenden Ansätzen der Schätztheorie praktikable Lernverfahren abgeleitet werden können.

Eine Grundaufgabe des Parameterlernens läßt sich in der folgenden Weise formulieren. Es ist eine Funktion $Q(\boldsymbol{x}, \boldsymbol{w})$ in Abhängigkeit von $\boldsymbol{w}$ zu minimieren. Dabei ist über eine Menge von Eingangssignalen zu mitteln. Mit

$$J(\boldsymbol{w}) = E_{\mathfrak{X}}[Q(\boldsymbol{w}, \boldsymbol{x})] = E_{\mathfrak{X}}[(\boldsymbol{x} - \boldsymbol{w})^2] \to \min \tag{2.5}$$

ist die Aufgabe gestellt, das Eingangssignal mit minimalem Fehler im quadratischen Mittel zu bestimmen. Es wird als Erwartungswert über die als statistisches Ensemble definierten Eingangssignale gebildet. Das „Gedächtnis“ des lernfähigen Systems ist im Parametervektor $\boldsymbol{w}$ enthalten. Das Lernziel ist, den Extremwert des entsprechenden Gütefunktionals zu finden, d. h. das durch einen Punkt $\boldsymbol{w}$ im Parameterraum gegebene optimale Systemverhalten.

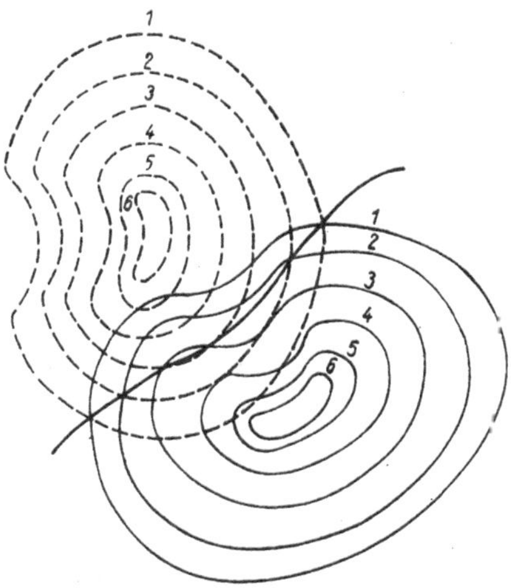

Abb. 2.2. Höhenlinien und Entscheidungsfläche zu den Verteilungsdichten $p(\boldsymbol{x}/1)$ und $p(\boldsymbol{x}/2)$

Das Gütefunktional wurde hier bereits in einer Form bereitgestellt, die das Erlernen des Mittelwertes im Sinne einer iterativen Schätzung ermöglicht. Der Parametervektor $\boldsymbol{w}$ hat dieselbe Dimension wie die Eingangsvektoren $\boldsymbol{x}$.

Im allgemeinen wird der zu erlernende Parametervektor eine geringere Dimension als der Zustandsvektor des zugrundeliegenden Zufallsprozesses besitzen. Dies gilt z. B. für Klassifikationsprobleme, bei denen aus hochdimensionalen Meßgrößen oft nur niedrigdimensionale Parameter ausgewählt werden. Parameterlernen ist deshalb meist mit Datenreduktion verbunden.

2.2. *Lernstrukturen*

Theoretische Untersuchungen zu lernfähigen Systemen wurden in den 50er und 60er Jahren durch den Entwurf von technischen Modellen angeregt. Dies sind Schaltungen, mit denen ihre Konstrukteure einfache Lernprozesse realisieren konnten. Sie werden oft als *Lernstrukturen* bezeichnet. Ihre Spezifik besteht darin, daß sich Lernverhalten durch Verknüpfung bestimmter einfacher logischer oder arithmetischer Funktionen simulieren läßt und somit aus relativ einfachen Elementaroperationen schrittweise ein relativ komplexes Systemverhalten erzeugt werden kann, wobei die Existenz von Rückkopplungsschleifen wesentlich ist. Beispiele solcher Modelle sind die Lernmatrix, das Perzeptron und das MORISHITA-Element.

Die Lernfähigkeit dieser Strukturen beruht auf der Einstellbarkeit von Parametern, die die Eingangssignale $\boldsymbol{x}$ bewerten. Die Parameter sind zu Vektoren $\boldsymbol{w}$ zusammengefaßt. Der Parametervektor kann als Zustandsvektor des lernfähigen Systems aufgefaßt werden. Die Verstellgleichung lautet

$$\boldsymbol{w} := \boldsymbol{f}(\boldsymbol{w}) + \boldsymbol{g}(\boldsymbol{x}, \boldsymbol{h}(\boldsymbol{w}), \boldsymbol{l}). \tag{2.6}$$

Es ist $\boldsymbol{x}$ der Eingangsvektor, $\boldsymbol{h}$ der Vektor für die Systemantwort, $\boldsymbol{w}$ der Parametervektor für den implizit verwendeten Systemzustand und $\boldsymbol{l}$ der Belehrungsvektor. Das Ergibtzeichen := bedeutet, daß sich die links stehende Größe aus den rechts stehenden Größen ergibt und für die nächste Signalverarbeitung auf der rechten Seite zur Verfügung steht. Ausgehend von (2.6) lassen sich die Lernstrukturen nach der Art der Rückmeldung einteilen.

Systeme der *rückmeldungsfreien Belehrung* sind als Vorstufe lernfähiger Systeme anzusehen. Sie ändern ihren Zustand in Abhängigkeit von $\boldsymbol{x}$ und $\boldsymbol{l}$, wobei $\boldsymbol{l}$ nicht von $\boldsymbol{h}$ abhängt. Das Lernziel besteht beispielsweise darin, die Objektmenge $\mathscr{X}$ in Klassen einzuteilen. Der Lehrer gibt als Belehrung die Klassenkennzeichen $\boldsymbol{l}$ aus einer Menge $\mathscr{L}$ aus. Demnach gilt

$$\boldsymbol{w} := \boldsymbol{f}(\boldsymbol{w}) + \boldsymbol{g}(\boldsymbol{x}, \boldsymbol{l}). \tag{2.7}$$

Als Beispiel sei die *Lernmatrix* in ihrer ursprünglichen Form genannt, die sich mit dem Verstellparameter α formal durch

$$\boldsymbol{w}_l := \boldsymbol{w}_l + \alpha(\boldsymbol{l})\, \boldsymbol{x} \tag{2.8}$$

beschreiben läßt (Abb. 2.3). Sie stellt keine Lernstruktur im engeren Sinne dar, da die Antwort des Systems bei der Verstellung nicht berücksichtigt wird.

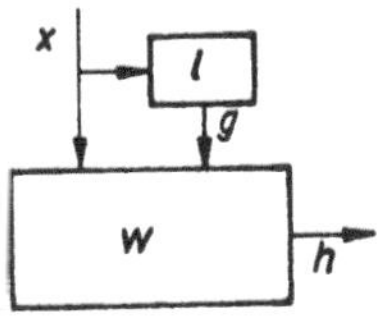

Abb. 2.3. Rückmeldungsfrei belehrtes System

Als System *kommunikativer Belehrung* wird eine Struktur bezeichnet, bei der die Belehrung von der Antwort $\boldsymbol{h}$ des Systems auf das aktuelle Umweltsignal $\boldsymbol{x}$ abhängt. Die entsprechende Gleichung lautet

$$\boldsymbol{w} := \boldsymbol{f}(\boldsymbol{w}) + \boldsymbol{g}(\boldsymbol{x}, \boldsymbol{l}(\boldsymbol{h})), \qquad (2.9)$$

wobei $\boldsymbol{l}(\boldsymbol{h}) \in \mathscr{L}$ gilt. $\mathscr{L}$ bezeichnet die Menge der Belehrungssignale. Ein Beispiel für diesen Typ stellt das *Perzeptron* dar, das im Fall von zwei Klassen durch

$$\boldsymbol{w} := \boldsymbol{w} + l(\boldsymbol{h}(\boldsymbol{w}))\, \boldsymbol{x} \qquad (2.10)$$

beschrieben wird. $l(\boldsymbol{h})$ ist in dem speziellen Fall ein Skalar und nur dann von Null verschieden, wenn keine richtige Antwort erfolgt. Diese Belehrung enthält ein echtes Element der Rückmeldung auf die dem System übergeordnete Ebene des Lehrers

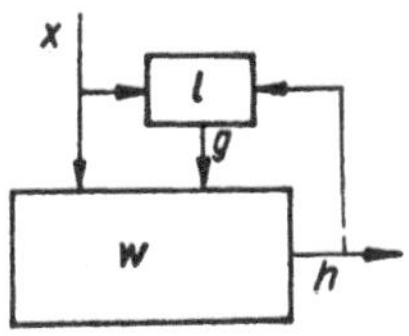

Abb. 2.4. Kommunikativ belehrtes System

(Abb. 2.4). Grundbaustein der Systeme vom Perzeptrontyp ist das adaptive Schwellenwertelement (ASE). Die Verstellalgorithmen für ASE werden ausführlich in Abschnitt 3.2. behandelt.

Geschieht die Rückmeldung ohne Einschalten eines Lehrers, so liegt ein *autonomes lernfähiges System* vor (Abb. 2.5). Die zugehörige

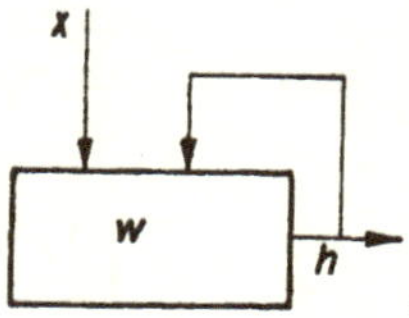

Abb. 2.5. Autonomes lernfähiges System

Gleichung hat die Gestalt

$$\boldsymbol{w} := \boldsymbol{f}(\boldsymbol{w}) + \boldsymbol{g}(\boldsymbol{x}, \boldsymbol{h}(\boldsymbol{w})). \tag{2.11}$$

Hier kann als Beispiel das *Element von Morishita,* ein direkt rückgekoppeltes ASE, angeführt werden. Es wird in Abschnitt 3.5.1. näher beschrieben.

Vom höchsten Allgemeinheitsgrad sind die Systeme, deren Funktion durch ein beliebiges Gütekriterium gesteuert werden kann. Der Systemzustand soll sich derart einstellen, daß das als Erwartungswert formulierte Gütekriterium

$$E_{\mathfrak{X}}[Q(\boldsymbol{x}, \boldsymbol{h})] \to \min \tag{2.12}$$

bei Beachtung von Nebenbedingungen

$$E_{\mathfrak{X}}[G_i(\boldsymbol{x}, \boldsymbol{h})] = a_i, \quad i = 1, \ldots, r,$$

erfüllt wird.
Solche Systeme heißen *selbstlernend.* Sie werden nicht belehrt, sondern ermitteln die Verstellsignale aus dem als Instruktion vorgegebenen Gütekriterium (Abb. 2.6). Diese haben die Form

$$\boldsymbol{w} := \boldsymbol{f}(\boldsymbol{w}) + \boldsymbol{g}(Q(\boldsymbol{x}, \boldsymbol{h}), \{G_i(\boldsymbol{x}, \boldsymbol{h})\}). \tag{2.13}$$

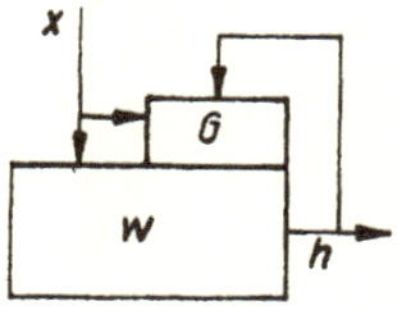

Abb. 2.6. Selbstlernendes System

Die Größe $\boldsymbol{h}$ hängt auch hier im allgemeinen von $\boldsymbol{w}$ ab. Die Verstellsignale können durch Gradientenbildung, durch Suche oder andere Verfahren ermittelt werden. Als Beispiel eines solchen allgemeinen Lernverfahrens können die Nachbelehrungsalgorithmen sowie die Clusterverfahren in Abschnitt 4.3. dienen.

Die Struktur eines lernfähigen Systems ist im allgemeinen nur in gewissen Grenzen veränderlich. Mithin sind Angaben über seine Leistungsfähigkeit an Aussagen über das zugrundegelegte Umweltmodell gebunden. Als Beispiel seien die Bedingungen der linearen Separierbarkeit der Klassen oder die Annahme der Beschreibbarkeit der Objektmenge mit Hilfe parametrisierter Verteilungen genannt.

2.3. Gütefunktionale

Für die quantitative Beschreibung von Lernprozessen müssen Gütemaße vorgegeben werden, die den Grad der Annäherung des lernfähigen Systems an das Lernziel angeben.

Von Zypkin (1970) stammt die Definition, *Lernen* ist Optimieren unter der Bedingung unzureichender A-priori-Information. Wir schließen hier an bereits weiter oben angedeutete Gedankengänge an und versuchen, sie stärker quantitativ zu fassen. Bei komplizierten lernfähigen Systemen der Technik ist es in der Regel unmöglich, einen vorgegebenen Zielzustand exakt zu erreichen, weil

- es nicht gelingt, ihn ganz exakt zu definieren,
- eine Reihe von Beschränkungen existiert,
- der Algorithmus zur Erreichung des Ziels zeitaufwendig ist,
- der Aufwand zum Erreichen des Optimums in dessen Nähe überproportional zunimmt.

Unter den Bedingungen unzureichender A-priori-Information sind statistische Formulierungen der Gütemaße problemangepaßt und haben sich als sehr geeignet erwiesen. In diesem Fall werden die Eingangssignale in das lernfähige System als Realisierungen eines stochastischen Prozesses aufgefaßt. Im allgemeinen hat das Gütemaß die Form eines Funktionals, das von einem Ensemble von Zufallsgrößen oder Zufallsfunktionen abhängt.

Im Gütemaß muß die Zufälligkeit der Systemreaktion auf geeignete Weise ausgeschaltet werden. Dies ist durch Bilden von Erwartungswerten möglich; als gängigste Methode gilt dabei die Mittelung. Die bei der Suche nach dem Optimum zu beachtenden Nebenbedingungen werden ebenfalls in Form von Erwartungswerten aufgeschrieben. Somit schreiben wir das Gütekriterium für Lernprozesse im statistischen Zugang in Form des

Gütefunktionals

$$J(\boldsymbol{w}) = E_{\mathfrak{X}}[Q(\boldsymbol{w}, \boldsymbol{x})] \tag{2.14}$$

mit den Nebenbedingungen

$$\boldsymbol{G}(\boldsymbol{w}) = E_{\mathfrak{X}}[G_i(\boldsymbol{w}, \boldsymbol{x})], \quad i = 1, \ldots, \dim \boldsymbol{G},$$

$\boldsymbol{w}$ — Parametervektor, dim $(\boldsymbol{w})$ = Anzahl der Freiheitsgrade des lernfähigen Systems, $\boldsymbol{x}$ — Objektvektor, dim $\boldsymbol{G}$ = Anzahl der Nebenbedingungen.

$Q(\boldsymbol{w}, \boldsymbol{x})$ ist ein Maß für die Güte des Systemverhaltens mit dem Zustand gemäß Parametervektor $\boldsymbol{w}$. Es wird vorausgesetzt, daß beliebig viele Objekte $\boldsymbol{x}$ zur Verfügung stehen oder genauer: mindestens soviele, wie bis zur Beendigung des Lernprozesses benötigt werden. Das Ende des Lernprozesses wird mit Hilfe von Abbruchkriterien gesteuert, die aus dem *Gütekriterium* abgeleitet werden können.

Die weitere Verallgemeinerung von (2.14) führt auf

$$J(\boldsymbol{w}) = \mathrm{Op}\,[Q(\boldsymbol{w}, \boldsymbol{x})] \tag{2.15}$$

Op ist ein Operator, der auf eine Menge von Eingangssignalen wirkt. Bei dieser Formulierung lassen sich die sogenannten *Maximin-* (oder bei umgekehrter Betrachtungsweise die *Minimax-*) Kriterien einbeziehen. Eine *Minimax*-Aufgabe lautet

$$\min_{\mathbf{w}} J(\boldsymbol{w}) = \min_{\mathbf{w}} \max_{\mathbf{x}} [Q(\boldsymbol{w}, \boldsymbol{x})]. \tag{2.16}$$

Ein solches Kriterium wertet ungünstige Fälle schärfer als ein Mittelungskriterium. Dies sei am Beispiel der Funktionsapproximation erläutert. Mit dem Kriterium der mittleren quadratischen Approximation werden alle Meßwerte berücksichtigt. Ein stark abweichender Meßwert, ein sogenannter Ausreißer, wird durch in der Nähe liegende, wenig vom zu approximierenden Funktionsverlauf abweichende Meßwerte in seiner Wirkung abgeschwächt (Abb. 2.7). Bei einem *Minimax*-Kriterium zur Funktionsapproximation wird der maximale Abstand der einzelnen Meßwerte zur Approximationsfunktion minimiert und Ausreißer üben einen erheblichen Einfluß aus.

Damit liegt in der Wahl des Gütekriteriums selbst eine gewisse Variationsbreite, die sich nur durch einschränkende Annahmen oder Verwertung von A-priori-Information beseitigen läßt. Es gibt daher kaum technisches Lernen ohne jegliche A-priori-Information. Meist wird die Form des Gütekriteriums als bekannt angenommen, und es sind die Komponenten des Parametervektors $\boldsymbol{w}$ zu erlernen. Das Parameterlernen ist somit die am häufigsten anzutreffende Form technischen Lernens und kann sich auf ein ausgezeichnetes theoretisches Fundament stützen. Das anhaltende wissenschaftliche Interesse erklärt sich auch daraus, daß zu-

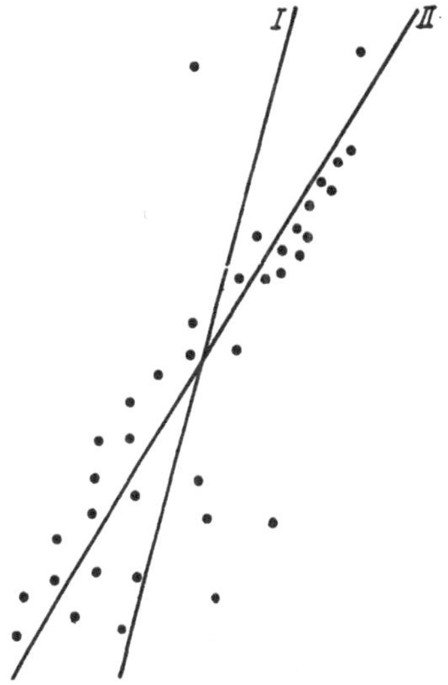

Abb. 2.7. Geradenapproximation
II Minimierung des mittleren quadratischen Abstands,
I Minimierung des maximalen Abstands

mindest für einen engen Ausschnitt natürlich intelligenter Prozesse mathematische Modelle gefunden werden konnten, die sich im praktischen Einsatz bewährt haben.

Die Gütekriterien für das Parameterlernen sind eng verwandt mit den Gütekriterien der *Optimierung.* Der wesentliche Unterschied besteht darin, daß zu Beginn der Lösung eines Optimierungsproblems angenommen wird, daß alle erforderliche Information vorhanden ist.

Die Gütekriterien, die die Minimierung mittlerer quadratischer Fehler zum Ziele haben, sind wohl am besten untersucht und man wird sich, wo es möglich ist, derartiger Kriterien bedienen.

Oft fordert jedoch eine adäquate Problembeschreibung spezifische Kriterien, z. B. Diskriminanzkriterien, die den Klassifikationsalgorithmen zur Einstellung von Trennebenen zugrunde liegen. Aus den Mittelungskriterien lassen sich in vielen Fällen direkt Lernalgorithmen ableiten, z. B. in Form von Gradientenverfahren.

Bei den *Minimax-Kriterien* gelingt dies im allgemeinen nicht. Dort untersucht man meist Ansätze aus der Optimierungstheorie auf ihre Verwendbarkeit, wobei die Besonderheiten des betrachteten Objektbereiches eine nicht unwesentliche Rolle spielen.

Für die verschiedenen Aufgabenklassen gibt es je geeignete Kriterien. Zwei wichtige Methoden des Parameterlernens, die sich im Typ der entsprechenden Gütekriterien unterscheiden, werden durch die Approximations- und die Diskriminationsaufgaben gebildet. Die *Approximationskriterien* steuern Prozesse, bei dem optimale Näherungswerte für einen Parametervektor gefunden werden sollen. Soll z. B. eine Funktion $f(x)$ mit Hilfe eines Satzes $\{g_i(x)\}$ vorgebener Funktionen approximiert werden, so ist gemäß

$$f(x) = \sum_{i=1}^{n} q_i g_i(x)$$

der Parametervektor $\boldsymbol{q} = (q_i)$ zu ermitteln.

Der Unterschied zwischen dem Herangehen auf der Grundlage von Optimierungstechniken und Lernverfahren soll anhand eines konkreten Beispiels erläutert werden.

Sei eine Objektmenge $\mathcal{X}$ im n-dimensionalen Objektraum als eine Schar von Vektoren gegeben. $\mathcal{X}$ enthalte K Mengen

$$\mathcal{X}_k, \quad k = 1, \ldots, K.$$

Dies sind die Klassen. Ein Objekt von $\mathcal{X}_k$ wird als $\boldsymbol{x}_k$ geschrieben. Es ist ein Unterraum $\mathcal{M}$ kleinerer Dimension zu finden, in dem eine optimale Klassentrennung möglich ist. Ein Verfahren zur Lösung dieser Aufgabe bildet die *Diskriminanzanalyse*, mit der optimale lineare Transformationen gefunden werden können. Folgende Größen werden definiert ($\mathcal{K}$ ist die Menge aller Klassennummern):

Das *Scharmittel über* die *Objektmenge*

$$E_{\mathcal{X}}[\boldsymbol{x}] = \boldsymbol{m},$$

das *Scharmittel über* jeweils *eine Klasse* $\mathcal{X}_k$

$$E_{\mathcal{X}_k}[\boldsymbol{x}] = E_{\mathcal{X}}[\boldsymbol{x}_k] = \boldsymbol{m}_k,$$

die *Gesamtstreumatrix*

$$\boldsymbol{S}_{\mathrm{G}} = E_{\mathfrak{X}}[(\boldsymbol{x} - \boldsymbol{m})\,(\boldsymbol{x} - \boldsymbol{m})^{\mathrm{T}}],$$

die *Intraklassenstreumatrix*

$$\boldsymbol{S}_{\mathrm{Intra}} = E_{\mathscr{K}}[E_{\mathfrak{X}_k}[(\boldsymbol{x}_k - \boldsymbol{m}_k)\,(\boldsymbol{x}_k - \boldsymbol{m}_k)^{\mathrm{T}}]],$$

die *Interklassenstreumatrix*

$$\boldsymbol{S}_{\mathrm{Inter}} = E_{\mathscr{K}}[E_{\mathfrak{X}_k}[(\boldsymbol{x} - \boldsymbol{m})\,(\boldsymbol{x} - \boldsymbol{m})^{\mathrm{T}}]].$$

Die Gesamtstreumatrix ergibt sich als Summe von Intra- und Interklassenstreumatrix

$$\boldsymbol{S}_{\mathrm{G}} = \boldsymbol{S}_{\mathrm{Intra}} + \boldsymbol{S}_{\mathrm{Inter}}.$$

(Intra bezeichnet innerhalb und inter bezeichnet zwischen).
Die Eigenvektoren $\boldsymbol{w}_i$, die sich als Lösung der Gleichung

$$\boldsymbol{S}_{\mathrm{G}}\boldsymbol{w}_i = \lambda_i \boldsymbol{S}_{\mathrm{Intra}}\boldsymbol{w}_i, \quad i = 1, \ldots, r < n \tag{2.19}$$

ergeben, spannen den Merkmalsraum $\mathscr{M}$ auf. Die Eigenwerte λ_i sind in absteigender Folge geordnet. Die Größe des Eigenwerts ist ein Maß für die Streuung der Objektmenge in der durch den zugehörigen Eigenvektor angegebenen Richtung. In Richtung maximaler Streuung werden in der Regel auch die Klassenschwerpunkte am weitesten voneinander entfernt sein.

Das rechentechnische Problem der Diskriminanzanalyse entsteht bei hochdimensionalen Primärräumen durch die Notwendigkeit, in (2.19) Matrizen mit Hunderten von Zeilen bzw. Spalten zu verarbeiten. Mit (2.19) wird die *Diskriminanzanalyse* als Optimierungsproblem behandelt. Alle erforderlichen Mittelungen wurden vorab ausgeführt, so daß die Aufgabe mit Mitteln der Algebra zu lösen ist. Im Abschnitt 4.1.2. wird gezeigt, wie man die Eigenvektoren durch einen Lernprozeß und ohne Verwendung der Matrizen $\boldsymbol{S}_{\mathrm{G}}$ und $\boldsymbol{S}_{\mathrm{I}}$ lösen kann.

Eine Einteilung der Gütekriterien läßt sich in Abhängigkeit von der Art des Zufallsprozesses, der die Objekte $\boldsymbol{x}$ aus der Menge $\mathfrak{X}$ erzeugt, vornehmen. Der Prozeß kann stationär und unabhängig sein, es kann sich um einen abhängigen Prozeß handeln, z. B. einen Markow-Prozeß oder $\boldsymbol{x}$ kann auch von einer nichtstationären Quelle erzeugt werden. Am besten untersucht sind die stationären unabhängigen Prozesse. Hier sind einige Ergebnisse von praktischer Bedeutung erzielt worden.

Darüberhinausgehend wurden verschiedene Untersuchungen zu komplizierteren Prozessen angestellt, das Hauptproblem besteht darin, stabile Verstellalgorithmen für die Parameter des lernfähigen Systems zu finden.

Von El-Fattah und Foulard ist das Problem der Steuerung eines Markow-Prozesses untersucht worden. Ein gesteuerter Markow-*Prozeß* ist durch die Übergangswahrscheinlichkeiten $\pi(i, k, j)$ charakterisiert, wobei i, k, j die Indizes für den Anfangszustand, das Steuersignal bzw. den Endzustand sind. Aus der Kenntnis der Übergangswahrscheinlichkeiten und bei Vorgabe eines Gütekriteriums können die optimalen Steuersignale berechnet werden.

Eine lernende Steuerung dieses Prozesses liegt dann vor, wenn die Übergangswahrscheinlichkeiten a priori unbekannt sind und geschätzt werden müssen. Es liegt dann auch für die Güte eines jeden Steuersignals nur eine Schätzung vor. Die Autoren zeigten, wie man unter diesen Umständen die optimale Steuerstrategie durch einen Lernprozeß finden kann.

2.4. *Zur Einordnung von Lernprozessen*

Zusammenfassend läßt sich feststellen, daß Lernprozesse ein Spezialfall von Optimierungsprozessen sind, wobei

- die A-priori-Information unvollständig ist,
- die direkt oder indirekt verfügbaren Informationen über die Lage des Optimums — oft aus Gründen der Ökonomie — schrittweise verarbeitet werden und
- enge Beziehungen zur Schätztheorie bestehen.

Die prinzipiellen Probleme der Optimierungstheorie, die mit der Erreichbarkeit des Optimums bei ungünstig gestalteten Kriterien in Zusammenhang stehen, bestehen auch bei Lernprozessen. Dies sind z. B.

- schlechte Kondition eines Kriteriums (der Weg zum Erreichen des Optimums ist schlecht zu finden, z. B. wenn das Optimum auf einem Grat liegt),
- Multimodalität des Kriteriums (es gibt zahlreiche lokale Optima, unter denen das globale Optimum zu suchen ist, Abb. 2.8a),
- Kombination von schlechter Kondition und Multimodalität (Telegrafenmastenkriterien, Abb. 2.8b).

Die Optimierungstheorie ist damit neben der Schätztheorie eine bedeutsame Nachbardisziplin der Lerntheorie. Die Schätztheorie wird hauptsächlich zur Festlegung der Kriterien für den Abbruch eines Lernprozesses genutzt. Denn in der Regel bedarf der Begriff des Optimums noch einiger Erläuterung. Bei Beeinflussung des Lernprozesses durch zufällige Einwirkungen läßt sich das Optimum streng erst nach unendlicher Zeit finden. Der Lernprozeß soll z. B. dann abgebrochen werden, wenn mit einer bestimmten Wahrscheinlichkeit eine bestimmte Güte erreicht worden ist. Auch diese Güte kann meist nur geschätzt werden.

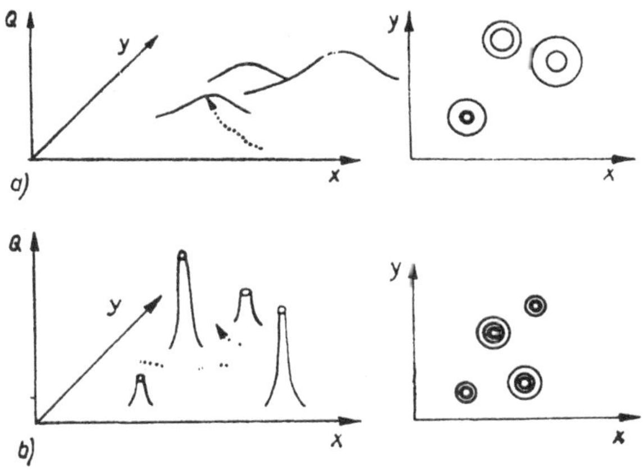

Abb. 2.8. Graphische Darstellung multimodaler Kriterien

Während das Gütekriterium den Verlauf des Lernprozesses steuert, dient das *Abbruchkriterium* der Festlegung des Zeitpunktes, an dem der Lernprozeß zu stoppen ist. Hierzu wird eine Abschätzung des verbleibenden Fehlers ausgeführt. Nicht immer gelingt es, exakte Abbruchkriterien aufzustellen bzw. die in den Abbruchkriterien gemachten Annahmen über die Stichprobe vollständig zu erfüllen. In einem Abbruchkriterium ist nicht nur die zu erreichende Güte festzulegen, sondern auch eine maximale Zeit in der die Mindestgüte oder eine Schätzung dieser Güte zu erreichen ist. Wird nach Ablauf dieser Lernzeit diese Güte nicht erreicht, so muß angenommen werden, daß mit diesem Gütekriterium bzw. Parametersatz das Lernziel nicht erreicht werden kann. Der Parametersatz ist zu erweitern bzw. zu verändern. Bei einer Approximations- oder Diskriminationsaufgabe sei versucht worden, mit einer Geradenapproximation bzw. einer linearen Trennfunktion die Lösung zu finden, jedoch ohne Erfolg. Dann muß zu komplizierteren Funktionen, z. B. stückweise linearen oder quadratischen, übergegangen werden.

Auch in der Wahl der *Stichprobe* liegt ein grundsätzliches Problem. Von der Stichprobe wird Repräsentativität verlangt. Wenn das lernfähige System sich mit Hilfe einer Stichprobe optimal eingestellt hat, soll das Verhalten auch für eine von der ersten unabhängigen Stichprobe aus derselben Gesamtheit optimal sein. Dies ist die Eigenschaft der Generalisierung. Eine wichtige Aussage besagt im Falle des Parameterlernens, daß die Dimension des Parametervektors so klein als möglich gehalten werden sollte. Jeder zusätzliche Parameter führt zu einer Erhöhung des erforderlichen Stichprobenumfangs und vermindert die Generalisierungsfähigkeit.

Weiterhin bestehen enge Beziehungen zwischen Such- und Lernprozessen. Wenn dem System Informationen über den Weg zum Zielzustand fehlen, wird es mit der Suche in der unmittelbaren Umgebung des eigenen Zustands beginnen. Dies ist der lokale Ansatz. Er führt jedoch nicht immer zum Ziel. Globale Suchprozesse erstrecken sich über den gesamten zulässigen Zustandsraum. Der Lernaspekt ergibt sich dann, wenn die in vergangenen Suchschritten gesammelte Information bei der Auswahl weiterer Suchschritte verwertet wird.

Im Falle multimodaler Kriterien versagen die meisten iterativen Verfahren und müssen erweitert werden. Sehr häufig werden dann Suchprozesse hinzugeschaltet.

Multimodale Kriterien liegen auch bei den Lernprozessen vor, die gegenwärtig im Zentrum der Forschung zur künstlichen Intelligenz stehen, z. B. bei Problemlösen, Roboterplanung u. ä. Hier wird versucht, die Suche durch Verwendung von Lernstrategien zu effektivieren. Dabei wird wegen des Fehlens mathematisch begründeter Problemformulierungen sehr häufig empirisch und heuristisch vorgegangen.

Bisher sind es im wesentlichen zwei Typen von technischen Aufgaben, für die lernfähige Systeme verfügbar sind, zum einen die Approximationsaufgaben, zum anderen die Diskriminationsaufgaben. Einen wichtigen Spezialfall der Approximationsmethoden stellen die Merkmalsextraktionsverfahren dar. Sie werden im Abschnitt 4.1. ausführlich behandelt.

Die Diskriminationsaufgaben werden durch die Klassifikations- und Clusterungsprobleme dargestellt, die im Abschnitt 4.2. und 4.3. ausgeführt sind.

3. Lernalgorithmen

Im Kapitel 2 wurde dargestellt, daß das Verhalten eines Systems mit fester Struktur seiner Elemente durch die aktuellen Werte der Parameter bestimmt wird, die die Transformation eines am Eingang anliegenden Signals in das Ausgangssignal bewirken. Diese Parameter, die den Zustand des Systems ausmachen, gilt es in einem Lernprozeß von einem beliebigen Ausgangszustand in einen gewünschten Zielzustand zu überführen bzw. diesem anzunähern. Dabei kann sich die jeweilige Verbesserung auf die Anpassung des Systems an seine Umwelt, auf die Reaktion bei unvorhergesehenen Situationen, auf diagnostische Aussagen, die vom System gefordert werden, u. ä. beziehen.

Die nachfolgend betrachteten Algorithmen unterliegen der Einschränkung, daß nur solche ausgewählt werden, bei denen im Verlauf des Lernprozesses die Parameter des Systems und nicht dessen Struktur geändert werden. Im Verlauf des Lernprozesses wird eine Gütefunktion optimiert. Ist dieses Gütefunktional in einem bestimmten Sinne einfach, z. B. konvex oder unimodal, dann ist mit einem vernünftigen Lernverhalten zu rechnen, die Eigenschaften des Lernprozesses können qualitativ abgeschätzt bzw. abgeleitet werden. Weist die Gütefunktion Multimodalität auf, so gelten entsprechende Aussagen nur für lokale Gebiete. Für eine globale Optimierung müssen heuristische Annahmen getroffen werden. Wird die Veränderung der Struktur miteinbezogen, komplizieren sich die Gütefunktionen, werden z. B. multimodal, und der Effekt des Lernprozesses wird unüberschaubar.

Ansätze zur Belehrung von Systemen, die in sich eine Strukturierung aufweisen, sind z. B. in [Nilsson (1965), Stanke (1975)] zu finden.

3.1. Algorithmen mit Lerncharakteristik

Bevor in den nächsten Abschnitten zwei Lernalgorithmen ausführlicher dargestellt werden, seien zur Einführung bekannte Beispiele angegeben. Dabei ist zu beachten, daß folgende Bestimmungsstücke für Lernverfahren charakteristisch sind:

- (potentiell unendliche) Belehrungsfolge,
- Systemreaktion (z. B. Ausgabe einer Klasse),
- Bewertung der Systemreaktion,

— Systemzustand, Parametervektor,
— zeitlich lokale Änderungsvorschrift für den Zustand,
— Bildung und Speicherung des neuen Zustandes.

3.1.1. *Mittelwertbildung und Nullstellenapproximation durch Iteration*

Insbesondere mit der Entwicklung der Rechentechnik und der damit verbundenen breiteren Anwendung der numerischen Mathematik werden *Iterationsverfahren* verstärkt dort eingesetzt, wo

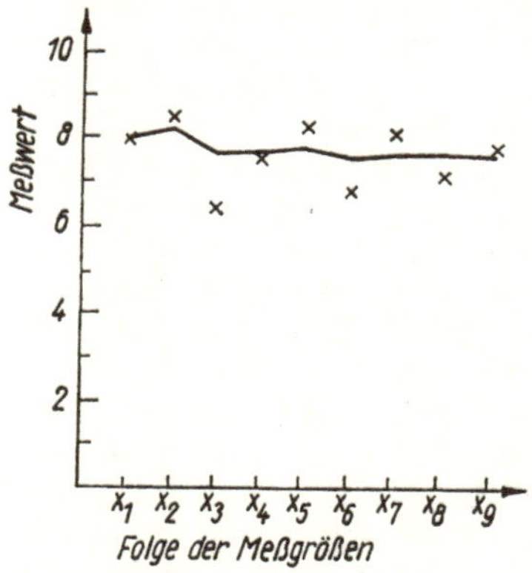

Abb. 3.1. Gleitender Mittelwert

analytische Lösungen schwierig oder nicht möglich sind. In einer Vielzahl technischer Prozesse fallen die Daten sequentiell mit z. T. erheblichen Zeitdifferenzen an. Hier gibt ein iteratives Verfahren den aktuell möglichen Stand der Problemlösung an.

Es besteht z. B. die Aufgabe, den Mittelwert $\bar{x}$ einer Menge $\mathcal{X}$ von Meßgrößen zu berechnen. Bekannt sei, daß die N Meßgrößen sequentiell anfallen und nach der Berechnung des Mittelwertes nicht weiter benötigt werden. Die Bildung von $\bar{x}$ nach der Vorschrift

$$\bar{x} = \frac{1}{N} \sum_{t=1}^{N} x_t$$

erfordert eine Zwischenspeicherung. Die Berechnung nach der Vorschrift für den gleitenden Mittelwert

$$\bar{x}_t = f(\bar{x}_{t-1}, x_t, t) \quad \text{mit } \bar{x}_0 = 0, \; t = 1, 2, \ldots, N, \tag{3.1}$$

ist hier adäquat und lautet ausgeschrieben

$$\bar{x}_t = \frac{t-1}{t}(\bar{x}_{t-1}) + \frac{1}{t}x_t.$$

(Der Faktor $\frac{t-1}{t}$ spielt in dieser oder in abgewandelter Form als „Vergessensfaktor" in verschiedenen Lernalgorithmen eine Rolle.) Der Unterschied zu einem typischen Lernverfahren ist, daß auf die Korrektur $\left(\text{hier } \frac{1}{t}\bar{x}_t\right)$ der bisherige Systemzustand $(\bar{x}_{t-1})$ keinen Einfluß hat und daß die Länge der Belehrungsfolge durch N begrenzt ist.

Das NEWTON*sche Verfahren* zur näherungsweisen Bestimmung der Wurzel $\hat{x}$ einer Gleichung $f(x) = 0$ ist entsprechend diskutierbar. Die Funktion $y = f(x)$ muß zweimal stetig differenzierbar sein und in der Umgebung von $\hat{x}$

$$\left|\frac{f(x) \cdot f''(x)}{(f'(x))^2}\right| < 1$$

erfüllen. Die Iterationsvorschrift lautet

$$x := x - \frac{f(x)}{f'(x)}, \quad t = 0, 1, 2, \ldots, \tag{3.2}$$

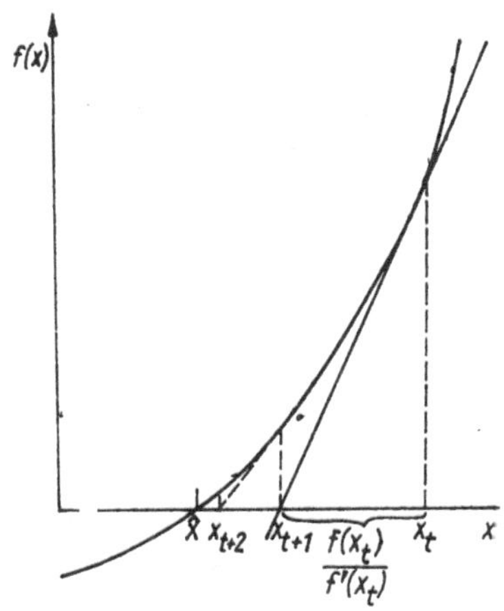

Abb. 3.2. Das NEWTONsche Verfahren zur näherungsweisen Bestimmung der Wurzel $\hat{x}$

wobei x_0 als erster Näherungswert zur Verfügung steht und x_t für $t \to \infty$ gegen $\hat{x}$ konvergiert. Im Vergleich zu (3.1) läßt sich (3.2) schreiben als

$$x := \tilde{f}(x, f(x)) = \tilde{\tilde{f}}(x).$$

Aus (3.2) ist die Besonderheit dieses Iterationsverfahrens zu erkennen. Sie besteht in dem funktionell engen Zusammenhang zwischen Systemzustand (x_t) und Belehrungsfolge y_t/y_t' ($y = f(x)$). Das $(t + 1)$-te Element der Belehrungsfolge wird durch den Zustand im Takt t determiniert.

3.1.2. *Gradientenverfahren*

Gradientenverfahren lassen sich zur iterativen *Extremwertsuche* einsetzen, wenn das zu optimierende Funktional analytisch gegeben ist. Im Rahmen von Erkennungsproblemen ist z. B.

$$J(\boldsymbol{w}) = \int \varphi(\boldsymbol{x}, k, \boldsymbol{w}) \, \mathrm{d}p(\boldsymbol{x}, k)$$

als Funktional anzusetzen. Es erfaßt das erwartete Risiko der auf den Parametervektor $\boldsymbol{w}$ begründeten Entscheidungsregel. $\varphi(\boldsymbol{x}, k, \boldsymbol{w})$ ist der Verlust, der beim Anliegen eines Objekt-/Klassenpaares $(\boldsymbol{x}, k)$ eintritt, wenn der Zustandsvektor $\boldsymbol{w}$ eingestellt ist. $p(\boldsymbol{x}, k)$ ist die zugehörige, im allgemeinen nur über Stichproben zugängliche Verteilungsdichte. Die Minimumsuche kann dann mit der Gradientenabstiegsmethode durchgeführt werden, falls $J(\boldsymbol{w})$ definierten Bedingungen, wie Differenzierbarkeit, Unimodalität u. ä., genügt. Der Iterationsalgorithmus ergibt sich bei beliebigem $\boldsymbol{w}_0$ zu

$$\boldsymbol{w} := \boldsymbol{w} - \gamma \operatorname{grad} J(\boldsymbol{w}), \quad t = 1, 2, 3, \ldots . \tag{3.3}$$

Geschwindigkeit und Stabilität des Verfahrens hängen sowohl vom Funktionsverlauf von $J(\boldsymbol{w})$ als auch von der Folge der Korrekturfaktoren γ_t ab. Der Einfluß von γ_t wird in den folgenden Abschnitten deutlich. Ein Vergleich mit dem NEWTON-Verfahren zeigt, daß auch hier für den „Lernprozeß" keine Belehrungsfolge im strengen Sinne vorliegt, sondern die Korrektur im $(t + 1)$-ten Schritt ($\gamma_t \operatorname{grad} J(\boldsymbol{w}_t)$) im wesentlichen bereits durch den Zustand im t-ten Schritt ($\boldsymbol{w}_t$) funktionell gebunden, d. h. vorgegeben ist. (Zu Gradientenverfahren s. [DUDA und HART (1973); ZYPKIN (1972)]).

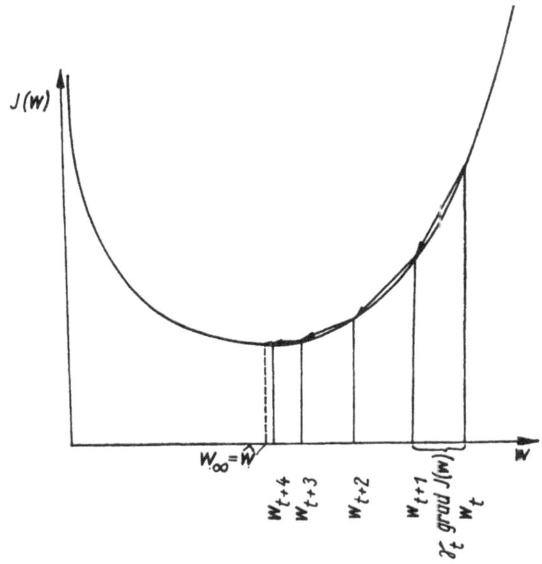

Abb. 3.3. Gradientenabstiegsverfahren

3.2. Der Fehlerkorrekturalgorithmus

Das *Fehlerkorrekturverfahren* hat bei der Entwicklung von Lernalgorithmen für die Mustererkennung und Klassifikation eine wesentliche anregende Rolle gespielt. Das liegt an seinem überschaubaren Aufbau, der für linear separierbare Klassen nachgewiesenen Konvergenz, der Eignung für die Beschreibung der Funktionsweise von mathematischen Neuronenmodellen [ROSENBLATT (1962)] und auch darin begründet, daß alle Bestimmungsstücke eines Lernalgorithmus realisiert sind. Vorteilhaft für die Anwendbarkeit des Verfahrens ist, daß es mit Parametern arbeitet und daß Aussagen über sein Konvergenzverhalten gemacht werden können. Es weist gegenüber der im Abschnitt 3.3. behandelten stochastischen Approximation eine hohe Ähnlichkeit in der Darstellungsform der Iterationsformel auf, unterscheidet sich aber in den Bedingungen für die Folge der Korrekturkoeffizienten γ_t, es ist z. B. $\gamma_t =$ konst. zugelassen. Das Fehlerkorrekturverfahren ist für endliche Objektmengen gedacht, es ist im Zuge der Entwicklung von Lernstrukturen wie dem *Perzeptron* von ROSENBLATT und dem adaptiven Schwellenwertelement entstanden. Es hat eine intuitiv plausible Grundlage.

3.2.1. Ableitung des Fehlerkorrekturalgorithmus

Betrachtet wird das Erlernen einer Trennebene für ein linear separierbares Zweiklassenproblem in einem n-dimensionalen Raum. Der Parametervektor für die Trennebene sei $\boldsymbol{w}^{\mathsf{T}} = (\boldsymbol{w}^{*\mathsf{T}}, w_{n+1})$, $\boldsymbol{w}^*$

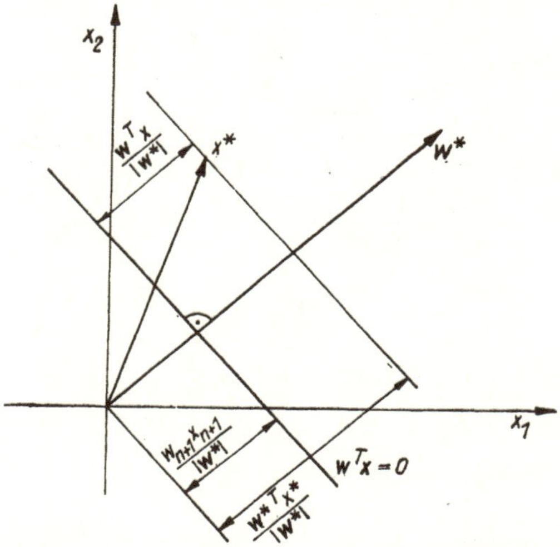

Abb. 3.4. Geometrische Beziehungen zwischen Parametervektor $\boldsymbol{w}$, Objektvektor $\boldsymbol{x}$ und der Entscheidungsfläche $\boldsymbol{w}^{\mathsf{T}}\boldsymbol{x} = 0$

ist der Vektor für die n-Richtungskomponenten und w_{n+1} entspricht der Schwellenkomponente (Abb. 3.4). Die Objekte aus den Klassen k_1 und k_2 werden entsprechend durch erweiterte Vektoren $\boldsymbol{x}$ mit

$$\boldsymbol{x}^{\mathsf{T}} = (\boldsymbol{x}^{*\mathsf{T}}, x_{n+1})$$

beschrieben, gewöhnlich setzt man $x_{n+1} = 1$. Für einen Lösungsvektor $\boldsymbol{w}$ muß gelten,

$$\begin{aligned} &\text{wenn } \boldsymbol{x} \in \mathscr{X}_1 \text{ so } (\boldsymbol{w}^{\mathsf{T}}\boldsymbol{x}) > 0 \quad \text{bzw.} \quad \operatorname{sign}(\boldsymbol{w}^{\mathsf{T}}\boldsymbol{x}) = +1 \\ &\text{wenn } \boldsymbol{x} \in \mathscr{X}_2 \text{ so } (\boldsymbol{w}^{\mathsf{T}}\boldsymbol{x}) < 0 \quad \text{bzw.} \quad \operatorname{sign}(\boldsymbol{w}^{\mathsf{T}}\boldsymbol{x}) = -1. \end{aligned} \tag{3.4}$$

Für die Begründung der Belehrungsvorschrift seien folgende Beziehungen herangezogen

$$w^{\mathrm{T}}x < x^{\mathrm{T}}(w + \gamma x) = w^{\mathrm{T}}x + \gamma x^{\mathrm{T}}x,$$
$$w^{\mathrm{T}}x > x^{\mathrm{T}}(w - \gamma x) = w^{\mathrm{T}}x - \gamma x^{\mathrm{T}}x, \gamma > 0.$$

Liegt also in einem gegebenen Moment ein Objekt der Klasse k_1 vor und das Skalarprodukt mit dem Parametervektor w ergibt einen Wert kleiner als Null, kann durch Addition des momen-

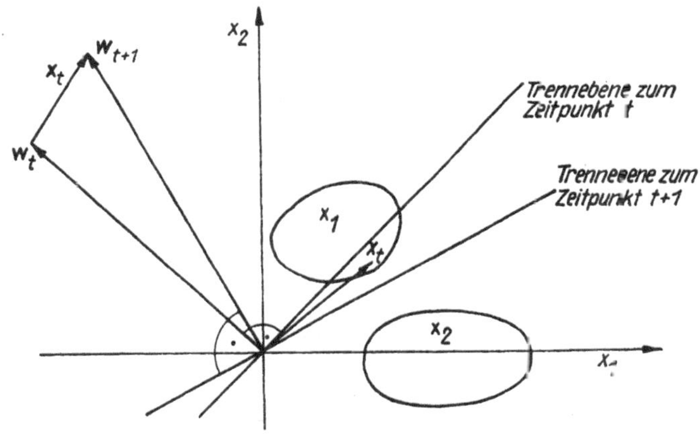

Abb. 3.5. Belehrungsschritt des Fehlerkorekturverfahrens $w_{t+1} = w_t + x_t$ (w_{t+1} ist hier bereits Lösungsvektor)

tanen Objektvektors zum Parameter — (Gewichts-)vektor eine Vergrößerung des Skalarproduktes erzielt werden. Analog gelten die Aussagen für Objekte der Klasse k_2, so daß sich folgende Belehrungsvorschrift ergibt:

$$\begin{aligned}
w &:= w && \text{falls } x_t \in \mathscr{X}_1 \text{ und } w_t^{\mathrm{T}}x_t > 0 \text{ (richtig)},\\
w &:= w + \gamma x && \text{falls } x_t \in \mathscr{X}_1 \text{ und } w_t^{T}x_t \leqq 0 \text{ (falsch)},\\
w &:= w && \text{falls } x_t \in \mathscr{X}_2 \text{ und } w_t^{\mathrm{T}}x_t < 0 \text{ (richtig)},\\
w &:= w - \gamma x && \text{falls } x_t \in \mathscr{X}_2 \text{ und } w_t^{\mathrm{T}}x_t \geqq 0 \text{ (falsch)}.
\end{aligned}$$

Der Korrekturkoeffzient γ kann konstant oder auch schrittabhängig sein. Anschaulich bedeutet die Vorschrift, daß das zum bestehenden Parametervektor hinzugefügte Objekt zur Repräsentanz der Klassen durch diesen Parametervektor beiträgt.

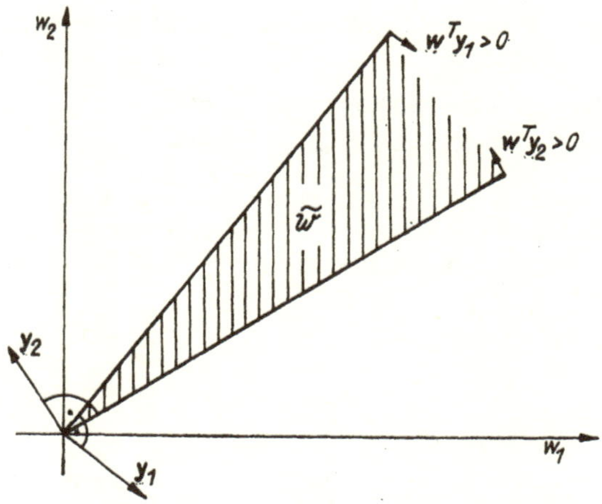

Abb. 3.6. Lösungsgebiet $\tilde{\mathscr{W}}$ im Parameterraum der Gewichtsvektoren (Hyperpyramide mit der Spitze im Ursprung)

3.2.2. *Konvergenzbeweis für das Fehlerkorrekturverfahren*

Inhaltlich gibt der Konvergenzbeweis die Aussage, daß die Belehrung nach endlich vielen Schritten abbricht, d. h., wenn alle anliegenden Objekte den Klassen richtig zugeordnet werden. Es existiert nicht nur ein einziger Lösungsvektor, sondern ein sog. Lösungsgebiet, das im Parameterraum $\mathscr{W}$ die Form einer Hyperpyramide $\tilde{\mathscr{W}}$ mit der Spitze im Ursprung hat.

Nachfolgend soll eine Beweisidee verwendet werden, die unter der Annahme, eine Belehrung sei unendlich oft für eine fixierte Menge von Objekten aus den beiden Klassen möglich, einen Widerspruch erzeugt [Novikoff (1963)]. Für eine Vereinfachung der Schreibweise werden alle Elemente der Stichprobe $\mathscr{X}_2$ mit -1 multipliziert und zusammen mit allen Elementen der Stichprobe $\mathscr{X}_1$ in der Menge $\mathscr{Y}$ vereinigt. Die Bedingung (3.4) geht dann über in

$$\text{wenn } \boldsymbol{y} \in \mathscr{Y} \quad \text{so} \quad \boldsymbol{w}^{\mathrm{T}} \boldsymbol{y} > 0.$$

Aus der zyklischen Belehrungsfolge seien nur die Elemente betrachtet, bei denen tatsächlich eine Änderung erfolgt. Die Belehrungsvorschrift für die so verkürzte Folge lautet:

$$\boldsymbol{w}_{t+1} = \boldsymbol{w}_t + \gamma \boldsymbol{y}_t. \tag{3.5}$$

Es gilt dann

$$\boldsymbol{w}_{t+1} = \gamma \boldsymbol{y}_1 + \gamma \boldsymbol{y}_2 + \cdots + \gamma \boldsymbol{y}_t. \tag{3.6}$$

Für jedes $\tilde{\boldsymbol{w}}$ aus dem Lösungsgebiet $\tilde{\mathscr{W}}$ (Abb. 3.6) gibt es ein δ mit:

$$\delta = \min (\tilde{\boldsymbol{w}}^{\mathsf{T}} \boldsymbol{y}).$$

Wird nun (3.6) mit $\tilde{\boldsymbol{w}}$ linksseitig multipliziert, so ergibt sich

$$\tilde{\boldsymbol{w}}^T \boldsymbol{w}_{t+1} = \gamma \tilde{\boldsymbol{w}}^{\mathsf{T}} \boldsymbol{y}_1 + \gamma \tilde{\boldsymbol{w}}^{\mathsf{T}} \boldsymbol{y}_2 + \cdots + \gamma \tilde{\boldsymbol{w}} \boldsymbol{y}_t \geqq (t\delta\gamma). \tag{3.7}$$

Nach Quadrierung von (3.7) ergibt sich unter Benutzung der CAUCHY-SCHWARZschen Ungleichung

$$|\boldsymbol{w}_{t+1}|^2 \geqq \frac{t^2\delta^2\gamma^2}{|\tilde{\boldsymbol{w}}|^2}. \tag{3.8}$$

Das Quadrat des Betrags des Gewichtsvektors wächst wenigstens quadratisch mit der Zahl der Korrekturschritte.

Für eine zweite Abhängigkeit seien direkt beide Seiten der Korrekturvorschrift (3.5) quadriert:

$$|\boldsymbol{w}_{t+1}|^2 = (\boldsymbol{w}_t + \gamma \boldsymbol{y}_t)^2.$$

Nach Umformung ergibt sich

$$|\boldsymbol{w}_{t+1}|^2 = |\boldsymbol{w}_t|^2 + 2\gamma \boldsymbol{w}_t^{\mathsf{T}} \boldsymbol{y}_t + \gamma\, |\boldsymbol{y}_t|^2. \tag{3.9}$$

Da für die verkürzte Belehrungsfolge gilt

$$\boldsymbol{w}_t^{\mathsf{T}} \boldsymbol{y}_t \leqq 0,$$

läßt sich (3.9) überführen in

$$|\boldsymbol{w}_{t+1}|^2 \leqq |\boldsymbol{w}_t|^2 + \gamma\, |\boldsymbol{y}_t|^2.$$

Wird $\boldsymbol{w}_1 = 0$ gesetzt, so ergibt sich durch Addition

$$|\boldsymbol{w}_{t+1}|^2 \leqq \gamma \sum_{t'=1}^{t} |\boldsymbol{y}_{t'}|^2.$$

Mit

$$|\boldsymbol{y}|_{\max} = \max_{\mathbf{y}} |\boldsymbol{y}|$$

und

$$|\boldsymbol{y}_{t'}| \leqq |\boldsymbol{y}|_{\max}$$

gilt dann:

$$|\boldsymbol{w}_{t+1}|^2 \leqq t\gamma^2\, |\boldsymbol{y}|^2_{\max}. \tag{3.10}$$

Die für $|w_{t+1}|^2$ erhaltene Abhängigkeit zeigt ein Wachstum, das höchstens linear mit der Schrittzahl t steigt. Diese Aussage ist im Widerspruch zu (3.8). Aus (3.8) und (3.10) erhält man für maximale Korrekturschrittanzahl

$$t_{\max} = \frac{|\boldsymbol{y}|^2_{\max}}{\delta^2}\, |\tilde{\boldsymbol{w}}|^2. \tag{3.11}$$

Diese Beziehung ist aber nicht konstruktiv nutzbar, da $\tilde{\boldsymbol{w}}$ zwar existent, aber nicht tatsächlich angebbar ist.

Dem Fehlerkorrekturverfahren entsprechende Algorithmen finden auch für die iterative Lösung von Ungleichungssystemen

$$\boldsymbol{w}^{\mathrm{T}}\boldsymbol{y} \geqq 0;\ \boldsymbol{y} \in \mathcal{Y}$$

Verwendung. Sie sind unter Ausnutzung des in Abschnitt 3.1 beschriebenen Gradientenverfahrens aus dem Gütekriterium

$$J(\boldsymbol{w}) = \sum_{\boldsymbol{y} \in \mathcal{Y}} (-\boldsymbol{w}^{\mathrm{T}}\boldsymbol{y}),$$

auch Perzeptron-Kriteriumsfunktion genannt, ableitbar. Mit

$$\nabla J(\boldsymbol{w}) = \sum_{\boldsymbol{y} \in \mathcal{Y}} (-\boldsymbol{y})$$

und unter Verwendung von (3.3) ergibt sich als Iterationsverfahren

$$\boldsymbol{w} := \boldsymbol{w} + \sum_{\boldsymbol{y} \in \mathcal{Y}} \boldsymbol{y}.$$

Für diese Beziehung ist wieder in gleicher Weise die Konvergenz in einer endlichen Anzahl von Korrekturschritten nachweisbar.

3.2.3. *Obere Abschätzung für die Anzahl der Korrekturschritte*

Zur geometrischen Veranschaulichung sei wiederholt: $\dfrac{\boldsymbol{w}^*}{|\boldsymbol{w}^*|}$ ist der Normalenvektor der trennenden Hyperebene[1]), $a = \dfrac{w_{n+1}}{|\boldsymbol{w}^*|}$ deren Entfernung vom Ursprung. Eine Totzone, deren Weite

[1]) Es werden die Bezeichnungen Trennebene und Hyperebene benutzt, auch wenn in der Abbildung eine Trenngerade erscheint.

2Δ ist, wird durch zwei parallele Hyperebenen begrenzt, die gleichfalls obigen Normalenvektor besitzen (Abb. 3.7). Die zugehörige Entscheidungsregel lautet:

$$\text{Wenn } \frac{\boldsymbol{w}^*}{|\boldsymbol{w}^*|} \cdot \boldsymbol{x}^* - a \begin{cases} \geqq \Delta, & \text{so} \quad \boldsymbol{x} \in \mathrm{k}_1, \\ \leqq -\Delta, & \text{so} \quad \boldsymbol{x} \in \mathrm{k}_2, \\ & \text{sonst Rückweisung.} \end{cases}$$

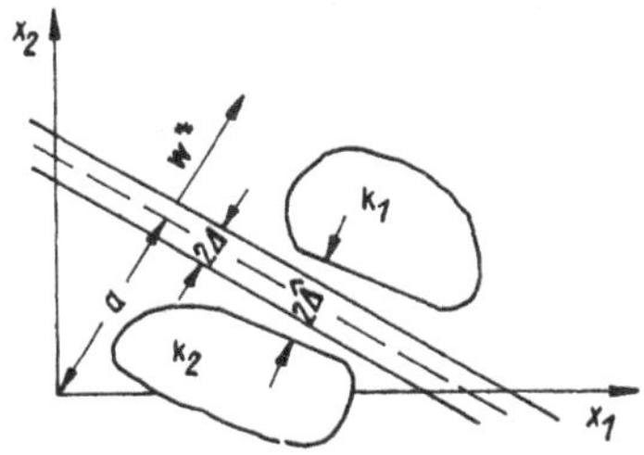

Abb. 3.7. Zweiklassenproblem mit dem Abstand 2Δ der parallelen Trennebenen und der Lücke $2\hat{\Delta}$ zwischen den Klassen

Wird zu den $\boldsymbol{y}$-Vektoren übergegangen, ergibt sich

$$\boldsymbol{w}^{\mathrm{T}}\boldsymbol{y} \geqq \delta, \qquad \text{wobei} \qquad \delta = \Delta\, |\boldsymbol{w}^*|.$$

Weiterhin sei mit $\hat{\Delta}$ der halbe Abstand der konvexen Hüllen der Klassen k_1, k_2 bezeichnet.

Bisher wurde gezeigt, daß für linear-separierbare Klassen k_1 und k_2 das Fehlerkorrekturverfahren nach einer endlichen Anzahl von Schritten eine Lösung findet, wobei die Schrittanzahl (3.11) nicht konstruktiv faßbar war. Die hier anzugebende Abschätzung wird eine Funktion der Lücke $2\hat{\Delta}$ zwischen den konvexen Hüllen der beiden Klassen [Schoenborn und Stanke (1980)]. Die maximale Korrekturschrittanzahl in (3.11) nimmt den kleinsten Wert an, wenn $\boldsymbol{w}$ zu vorgegebenem δ durch den Lösungsvektor $\boldsymbol{w}_\delta$ kleinsten Betrags mit

$$\boldsymbol{w}_\delta^{\mathrm{T}}\boldsymbol{y} \geqq \delta \quad \text{für alle} \quad \boldsymbol{y} \in Y$$

spezifiziert wird. Unter Beachtung von $|\boldsymbol{x}|_{\max} = |\boldsymbol{y}|_{\max}$ ergibt sich aus (3.11) für die Korrekturschrittgrenze t_g

$$t_g = \frac{|\boldsymbol{x}|^2_{\max}\, |\boldsymbol{w}_\delta|^2}{\delta^2}. \tag{3.12}$$

Wird weiter die direkte Beziehung zu der Lücke zwischen den konvexen Hüllen der beiden Klassen im Objektraum verwendet, folgt

$$t_g = (|\boldsymbol{x}^*|^2_{\max} + x^2_{n+1}) \frac{|\boldsymbol{w}^*|^2 + w^2_{n+1}}{\delta^2}.$$

Mit $\Delta = \delta/|\boldsymbol{w}^*|$ und $a = -w_{n+1}x_{n+1}/|\boldsymbol{w}^*|$ erhält man:

$$t_g = (|\boldsymbol{x}^*|^2_{\max} + x^2_{n+1}) \frac{x^2_{n+1} + a^2}{x^2_{n+1}\Delta^2}.$$

Weiter lassen sich a durch $|a| < |\boldsymbol{x}^*|_{\max}$ und Δ durch $\hat{\Delta}$, $\hat{\Delta} \geqq \Delta$, präzisieren, somit gilt

$$t_g = \frac{(|\boldsymbol{x}^*|^2_{\max} + x^2_{n+1})^2}{x^2_{n+1}\hat{\Delta}^2}. \tag{3.13}$$

Eine Analyse von (3.13) zeigt, daß eine inadäquate Wahl der $(n + 1)$-ten Komponente der Objektvektoren die Abschätzung für t_g um Größenordnungen ansteigen läßt. In der Literatur ist im allgemeinen x_{n+1} unabhängig von $|\boldsymbol{x}^*|$ gewählt. Nach der hier vollzogenen Ableitung ergibt sich eine minimale Größe für t_g durch die Wahl $x_{n+1} = |\boldsymbol{x}^*|_{\max}$, dann ist

$$t_g = 4\,\frac{|\boldsymbol{x}^*|^2_{\max}}{\hat{\Delta}^2}. \tag{3.14}$$

Eine Umstellung von (3.14) gibt

$$\hat{\Delta} \leqq 2\,|\boldsymbol{x}^*|_{\max}/\sqrt{t}. \tag{3.15}$$

Diese Beziehung läßt sich für Aussagen über die tatsächlich zwischen den beiden Klassen vorhandenen Relationen ausnutzen. Konkret gilt, daß nach t Korrekturen die Lücke zwischen den konvexen Hüllen der Klassen k_1 und k_2 kleiner als die rechte Seite von (3.15) ist.

3.2.4. *Eigenschaften des Fehlerkorrekturverfahrens*

Die wesentliche beeinflußbare Größe für die Belehrung ist die Folge der Korrekturkoeffizienten γ_t. Der Beweis wurde für γ_t = konst. geführt. Es läßt sich zeigen [Stanke (1975)], daß die

Konvergenz für die Belehrung erhalten bleibt, wenn erfüllt ist:

$$0 < \varepsilon < \gamma_t < \infty .$$

Hervorgehoben sei der Relaxationsalgorithmus, bei dem die Korrekturkoeffizienten folgender Bildungsvorschrift unterliegen:

$$\gamma_t = \left(\frac{|\boldsymbol{w}_t^{\mathsf{T}} \boldsymbol{y}_t| + \delta}{|\boldsymbol{y}_t|^2}\right) \pi , \quad 2 > \pi > 0 , \quad \delta > 0 .$$

Für $\pi \geqq 1$ ist garantiert, daß jeweils nach der Korrektur das die Korrektur verursachende Objekt richtig erkannt wird, d. h.,

$$\boldsymbol{w}_{t+1}^{\mathsf{T}} \boldsymbol{y}_t \geqq \delta > 0 .$$

Wird der Fehlerkorrekturalgorithmus auf eine linear nicht separierbare Aufgabenstellung angewendet, so läuft die Belehrung in einem Zyklus, wobei der Gewichtsvektor begrenzt bleibt [Minsky und Papert (1969)]. Die Detektion eines derartigen Zustandes ist mit heuristisch angesetzten Kontrollmechanismen durchführbar, es wird die Tendenz der Änderung des Parametervektors $\boldsymbol{w}$ überprüft.

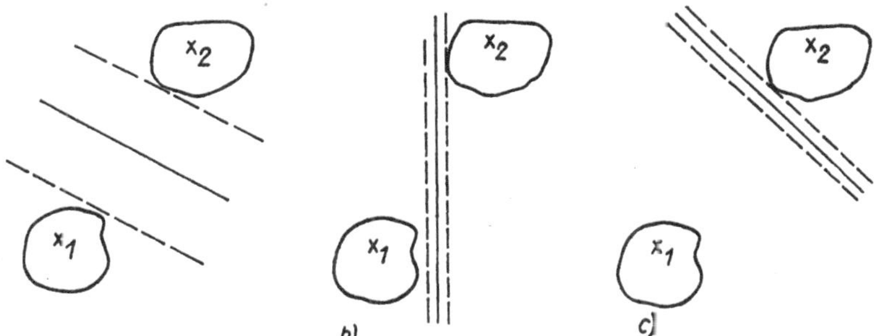

Abb. 3.8. Lösungen eines Klassifizierungsproblems mit unterschiedlichen Generalisierungseigenschaften

Auch für linear separierbare Aufgabenstellungen ist der Zustand des Parametervektors beim Abbruch der Belehrung eine kritische Frage, da die Bedingung $\boldsymbol{w}^{\mathsf{T}} \boldsymbol{y} > 0$ nicht viel über die Relation der durch $\boldsymbol{w}$ beschriebenen Trennebene bzw. des Trennebenenpaares zu den Klassen aussagt. Abb. 3.8 veranschaulicht drei qualitativ unterschiedliche Lösungen für ein und dasselbe Problem.

Die beim Abbruch der Belehrung eingestellte Lösung läßt sich dadurch beeinflussen, daß statt $\boldsymbol{w}^{\mathsf{T}}\boldsymbol{y} > 0$, $\boldsymbol{w}^{\mathsf{T}}\boldsymbol{y} \geqq \delta > 0$ gefordert wird, und hierbei insbesondere durch das Verhältnis $\delta/|\boldsymbol{w}^*|$. Dadurch wird eine Klassentrennung mit Totzone realisiert. Darüber hinaus besteht die Möglichkeit der Maximierung der Tot- bzw. Rückweisungszone. Verfahren zur Maximierung der Rückweisungszone werden in [WAPNIK und TSCHERWONENKIS (1979)] beschrieben (vgl. auch Abschn. 3.4).

3.2.5. *Das Fehlerkorrekturverfahren bei begrenzten Wortlängen für die Parameterdarstellung*

Mit der Einführung der Mikrorechentechnik stellt sich automatisch die Frage der Übertragbarkeit von Algorithmen, die auf Rechnern mit großen Wortlängen entwickelt wurden auf Spezialhardware oder auf Prozessoren, die 8 oder 16 Bit Wortbreite haben. Insbesondere ist für das Fehlerkorrekturverfahren die Frage zu stellen, ob die Konvergenz erhalten bleibt und wie die Schrittzahlen beeinflußt werden, die für die Belehrung notwendig sind. Im weiteren werden hinreichende Gewichtsbereiche bestimmt.

Für die Ableitung hinreichender Gewichtsbereiche sind — wie bei der Ableitung der Korrekturschrittgrenze t_g — Voraussetzungen über den Charakter der Separierbarkeit der Klassen k_1 und k_2 zu treffen [SCHOENBORN und STANKE (1980)]. Sind die beiden Klassen „δ_1-separierbar", d. h., ist δ_1 die größte Schwelle, für die mit einem Vektor $\boldsymbol{w}$ mit Komponenten $\leqq 1$ die Beziehung

$$\boldsymbol{w}^{\mathsf{T}}\boldsymbol{y} \geqq \delta_1 \quad \text{für alle} \quad \boldsymbol{y} \in Y$$

realisiert werden kann, so genügt für die Konvergenz des Fehlerkorrekturalgorithmus mit $\gamma = 1$ das Intervall $(-w_g, +w_g)$ mit

$$w_g > \frac{|\boldsymbol{x}|^2_{\max}}{2\delta_1}$$

für die Komponenten des Gewichtsvektors.

Die Umrechnung auf den Objektraum der $\boldsymbol{x}^*$-Vektoren gibt:

$$w_g = \frac{(|\boldsymbol{x}|^*{}_{\text{ax}} + x_{n+1}^2)^{3/2}}{2x_{n+1}\hat{\Delta}},$$

und die Minimierung mit der Wahl $x_{n+1} = |\boldsymbol{x}^*|_{\max} \sqrt{2}$:

$$w_g = \frac{\sqrt{27}\ |\boldsymbol{x}^*|^2_{\max}}{4\hat{\Delta}}. \tag{3.16}$$

Die Beziehung (3.16) verdeutlicht, daß die Wahl der $(n+1)$-ten Komponente in Abhängigkeit von den Objektvektoren zu treffen ist.

Die im vorigen Abschnitt angegebenen Schrittzahlabschätzungen bleiben auch bei begrenzten Gewichtsbereichen erhalten, wenn w_g verdoppelt wird.

3.2.6. *Anwendung auf einen Spezialfall*

Ein gut untersuchter Spezialfall für das Separationsproblem zweier Klassen sind die BOOLEschen Funktionen. Da für niedere Dimensionen die notwendigen Intervalle $(-w_{\max}, +w_{\max})$ für die Realisierung aller Schwellenwertfunktionen

$$\boldsymbol{w}^\mathrm{T}\boldsymbol{y} > 1 \quad \text{mit} \quad y_i = \pm 1 \quad \text{und} \quad \sum_{i=1}^{n+1} |w_i| = \min.$$

bekannt sind, liegen die Informationen für die Bestimmung von t_g und w_g vor. Die Werte in (3.14) und (3.16) eingesetzt, ergibt

$$t_g = (n+1)^2\, w^2_{\max} \quad \text{und}$$

$$w_g = \frac{n+1}{2}\, w_{\max}.$$

Die Tab. 3.1 enthält eine Zusammenstellung aller Werte für die Dimensionen $n = 1$ bis $n = 8$.

3.2.7. *Belehrungsverfahren für zweischichtige parallele Netze aus adaptiven Schwellenwertelementen*

Für die Realisierung in der Praxis vorkommender Klassifizierungsaufgaben reichen oft lineare Entscheidungsfunktionen nicht aus. Es müssen stückweise lineare Entscheidungsfunktionen oder Entscheidungsfunktionen höherer Ordnung herangezogen werden. Parallele Netze aus adaptiven Schwellenwertelementen sind in der Lage, stückweise lineare Entscheidungsfunktionen zu reali-

Tabelle 3.1

Hinreichende Gewichtsbereiche und Grenzschrittzahlen für die Realisierung Boolescher Funktionen mit Hilfe des Fehlerkorrekturalgorithmus

Dimension	1	2	3	4	5	6	7	8
Schwellenwertfunktionen	4	14	104	1882	94572	15028134	$8{,}38 \cdot 10^9$	$1{,}76 \cdot 10^{13}$
maximales Gewicht w_{max}	1	1	2	3	5	9	18	42
Grenzschrittzahl t_g	4	9	32	225	900	3969	20736	142884
Hinreichender Gewichtsbereich (Absolutwerte)	1	1,5	4	7,5	15	31,5	72	189

sieren. Abb. 3.9 zeigt ein zweischichtiges paralleles Netz mit n Elementen in der ersten Schicht und einem Majoritätselement in der zweiten Schicht. Abb. 3.10 enthält ein Beispiel für die Realisierung eines linear nichtseparierbaren Zwei-Klassenproblems

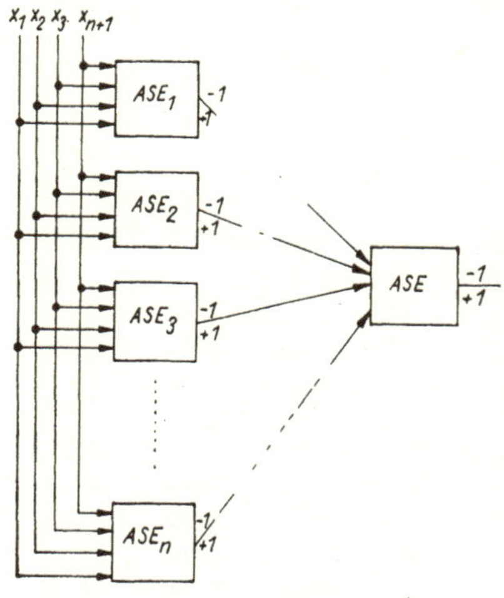

Abb. 3.9. Zweischichtige Netze aus ASE

mit einem Netz aus 3 adaptiven Schwellenwertelementen. Das Gesamtnetz entscheidet für eine Klasse, wenn mehr als die Hälfte der Elemente der ersten Schicht für diese Klassen entscheiden (Majoritätsprinzip).

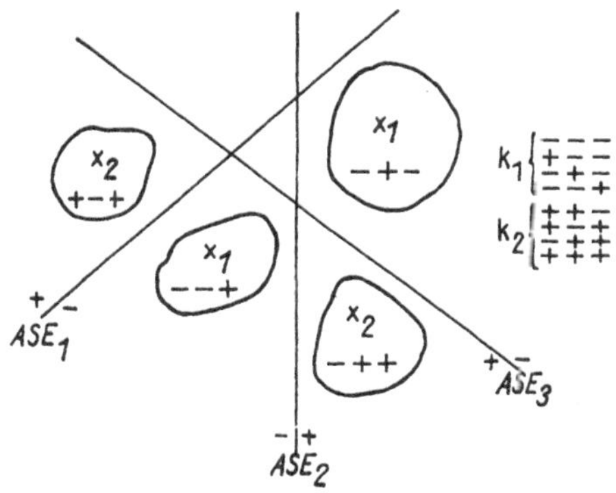

Abb. 3.10. Lösung eines linear nichtseparierbaren Klassifizierungsproblems mit drei ASE

Ein Belehrungsschritt für das Netz zerfällt in zwei Teilschritte. Im ersten wird bei einer falschen Klassifikation das Element unter denen mit falscher Entscheidung herausgesucht, bei dem mit geringster Änderung eine richtige Entscheidung zu erreichen ist. Im zweiten Teilschritt werden die Parameter dieses Elementes mit dem Fehlerkorrekturalgorithmus belehrt. Die Konvergenz für diesen Korrekturalgorithmus ist nicht bewiesen, das gilt auch für weitere Belehrungsalgorithmen, die für Netzstrukturen vorgeschlagen wurden [Nilsson (1965); Stanke (1975)]. Die Ursache dafür liegt in der Multimodalität der angenommenen Klassifizierungsprobleme. In einer Reihe praktischer Aufgabenstellungen wurden mit parallelen Netzen im Verlaufe einer Belehrung die erwünschten Klassifizierungen realisiert.

3.3. *Die stochastische Approximation*

Gradientenverfahren in ihrer eigentlichen Form sind für die Bestimmung des Extremwertes einer Funktion, wenn diese nur durch stochastische Beobachtung zugänglich ist, nicht einsetzbar. Im allgemeinen werden die Verteilungsdichten der Objekt-

Klassenpaare $p(\boldsymbol{x}, k)$ nicht verfügbar sein, sondern die Paare $(\boldsymbol{x}, k)$ treten als Zufallsgrößen, etwa in einer Belehrungsfolge auf. Es steht dann nicht der Gradient des Funktionals, sondern nur der Gradient von $\varphi(\boldsymbol{x}, k, \boldsymbol{w})$, der nicht allein von dem monentanen $\boldsymbol{w}$, sondern auch von dem zufällig anliegenden Paar $(\boldsymbol{x}, k)$ abhängt, zur Verfügung. Der entstehende Vektor $\nabla\varphi(\boldsymbol{x}, k, \boldsymbol{w})$ wird als *stochastischer Gradient* bezeichnet. Seine Richtung unterliegt dem Einfluß der Zufallsgröße $(\boldsymbol{x}, k)$. Das Verfahren der stochastischen Approximation, das auf ROBBINS-MONROE und/bzw. KIEFER-WOLFOWITZ zurückgeht, bietet hier eine Lösungsmöglichkeit. Der wesentliche Schritt besteht darin, daß von der Bildung des Gradienten zur Bildung des *stochastischen Gradienten* übergegangen wird.

3.3.1. Der Basisalgorithmus der stochastischen Approximation

$J(\boldsymbol{w})$ sei ein Funktional mit unimodalem Verhalten, das von der Zufallsgröße $\boldsymbol{x}$ abhängt. $\varphi(\boldsymbol{w}, \boldsymbol{x})$ sei eine Bewertungsfunktion (Verlustfunktion), die wegen $\boldsymbol{x}$ ebenfalls eine Zufallsgröße ist. J und φ werden durch (3.17) miteinander in Beziehung gesetzt

$$J(\boldsymbol{w}) = E[\varphi(\boldsymbol{w}, \boldsymbol{x})]. \tag{3.17}$$

Das zu optimierende Kriterium stellt sich als Erwartungswert der Verlustfunktion dar. Für die Suche des optimalen Parametervektors ist zu lösen

$$\nabla_{\mathrm{w}} J(\boldsymbol{w}) = \nabla_{\mathrm{w}} E[\varphi(\boldsymbol{w}, \boldsymbol{x})] = 0. \tag{3.18}$$

Wenn die Wahrscheinlichkeitsverteilung der $\boldsymbol{x}$ nicht bekannt ist, kann (3.18) nicht analytisch gelöst werden und auch der Iterationsalgorithmus (Gradientenverfahren)

$$\boldsymbol{w} := \boldsymbol{w} \pm \nabla_{\mathrm{w}} J(\boldsymbol{w}) \quad (+ \text{ für Maximums- und } - \text{ für Minimumssuche}) \tag{3.19}$$

ist nicht anwendbar, da $\nabla_{\mathrm{w}} J$ nicht bildbar ist. In den Fällen, in denen man aber den Gradienten der zufälligen Realisierungen der Bewertungsfunktion $\varphi(\boldsymbol{w}, \boldsymbol{x})$ beobachten oder berechnen kann,

---

[1]) Der Erwartungswert wird im weiteren nur noch indiziert, wenn er nicht mit Bezug auf die Objektmenge $\mathfrak{X}$ gebildet wird.

läßt sich das ROBBINS-MONROE-Verfahren einsetzen. Vorausgesetzt sei, daß die Operationen Gradient und Erwartungswert vertauschbar sind, das ist z. B. der Fall, wenn J eine stetige Funktion von $\boldsymbol{w}$ ist. Es gilt dann

$$\nabla_{\mathrm{w}} J(\boldsymbol{w}) = E \nabla_{\mathrm{w}} \varphi(\boldsymbol{w}; \boldsymbol{x}) \tag{3.20}$$

(3.20) in (3.19) eingesetzt ergibt dann

$$\boldsymbol{w} := \boldsymbol{w} \pm \gamma \nabla_{\mathrm{w}} \varphi(\boldsymbol{w}, \boldsymbol{x}).$$

$\boldsymbol{w}_t$ konvergiert mit der Wahrscheinlichkeit 1 im quadratischen Mittel gegen die Lösung $\hat{\boldsymbol{w}}$

$$P(\lim_{t \to \infty} E[\boldsymbol{w}_t - \hat{\boldsymbol{w}}]^2 < \varepsilon) = 1,$$

wobei die Folge der Korrekturkoeffizienten γ_t folgende Forderungen erfüllen muß.

$$\sum_{t=1}^{\infty} \gamma_t = \infty, \quad \sum_{t=1}^{\infty} \gamma_t^2 < \infty. \tag{3.21}$$

Die zweite Bedingung sichert, daß die γ_t gegen Null streben und der Prozeß konvergiert. Die erste sorgt dafür, daß dies nicht zu schnell vor sich geht und der Konvergenzprozeß nicht vor Erreichen des Optimums zum Stillstand kommt. $J(\boldsymbol{w})$ muß unimodal sein oder dieser Forderung wenigstens in einer gewissen Umgebung des Extremwertes genügen. Der Extremwert kann auch in einem Gebiet angenommen werden [WAPNIK und TSCHERWONENKIS (1979)].

Die hier wiedergegebene Darstellung der stochastischen Approximation in der Art des Ansatzes von ROBBINS-MONROE weist z. B. gegenüber dem KIEFER-WOLFOWITZ-Algorithmus ein relativ gutes Konvergenzverhalten auf. Doch spätestens der Versuch, ein vorliegendes Funktional in einer Simulation zu optimieren, läßt die i. allg. sehr ungünstige, langsame Konvergenz erkennen. Bedingt ist dies u. a. durch die konkret gewählte Folge der γ_t. Eine gängige Folge der γ_t ist z. B.

$$\gamma_t = \frac{1}{t}. \tag{3.22}$$

Hierbei zeigt sich, daß die ersten zur Belehrung angebotenen Objekte relativ große Korrekturen bewirken. Die Größe dieser Korrekturen nimmt dann mit steigendem t sehr schnell ab. Dieser Effekt läßt sich einschränken, indem die γ_t z. B. wie folgt gewählt werden

$$\gamma_t = \frac{1}{t'}, \qquad \text{mit} \qquad t' = t + k, \qquad k \geqq 1.$$

Die Konstante k steuert das Überspringen des Abschnitts des steilsten Abstiegs für kleine t. Eine andere Möglichkeit besteht in der Einführung eines Makrotaktes t'. Innerhalb dieses Makrotaktes sind die γ_t konstant. In [Blaydon, Kashyap, Fu (1970)] sind weitere Ansätze zur Konvergenzbeschleunigung diskutiert. Für den Abbruch der Belehrung ist die Änderung der Parameterwerte zu registrieren und, wenn sie ein zu definierendes Maß über mehrere Takte nicht mehr überschreiten, der Prozeß zu beenden. Die Kriterien für den Abbruch müssen heuristisch vorgegeben werden.

Wesentliche Vorteile der stochastischen Approximation liegen in der sequentiellen Verarbeitung einlaufender Objekte, Signale und in ihrer Anwendbarkeit sowohl auf lineare als auch auf nichtlineare Probleme. Eine Nachbelehrung läßt sich für voreingestellte Parameterwerte problemlos durchführen, sie paßt sich in das Gesamtkonzept ein.

3.3.2. *Anwendung der stochastischen Approximation. Lösung eines Spezialfalls*

Im Rahmen von Lernverfahren und der Mustererkennung findet die stochastische Approximation dort Verwendung, wo keine zu hohen Forderungen an die Geschwindigkeit der Konvergenz gestellt werden (Merkmalsbildung [Fritzsch (1976c), Wapnik, Tscherwonenkis (1979)]; Klassifikation [Unger, Stanke (1974)]; Adaption von Parametern an zeitvariable Größen [Fritzsch (1976a)]; Parameterschätzung [Mendel, Fu (1970)].

Nachfolgend ist an einem Beispiel für eine einfache Klassifikationsaufgabe der Prozeß von der Aufgabenstellung über die Ableitung des Gütefunktionals, den Ansatz für die stochastische Approximation und die Ergebnisinterpretation dargestellt.

Zweiklassenprobleme

Eine Klassifizierungsfunktion muß die Zuordnung zu den Klassen k_1 oder k_2 leisten bzw. bei zu hoher Entscheidungsunsicherheit eine Rückweisung ausgeben (Abb. 3.11). Es treten für die Bewertung der Güte einer eingestellten Klassifikation

- richtig klassifizierte,
- nicht richtig klassifizierte (rückgewiesene und falsche),
- falsch klassifizierte

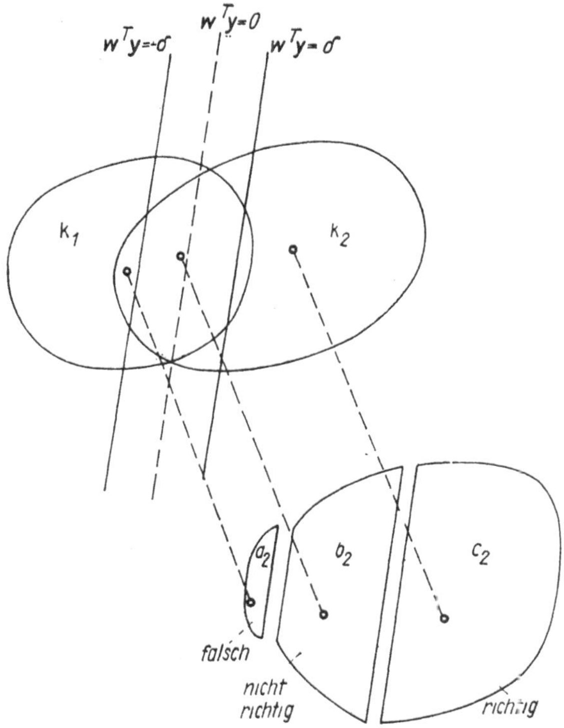

Abb. 3.11. Zweiklassenproblem mit Veranschaulichung der in das Gütefunktional eingehenden Bereiche für die einzelnen Kostenkoeffizienten a_2, b_2, c_2

Objekte auf. Die Bewertung der für die Objekte getroffenen Zuordnungen (Kosten) richten sich nach angegebener Tabelle:

	k_1	k_2
falsch	a_1	a_2
nicht richtig	b_1	b_2
richtig	c_1	c_2

Es sei weiter angenommen, daß $0 < c_i < b_i < a_i < \infty$, $i = 1, 2$. Unter der Voraussetzung, daß ein linearer Klassifikator mit Rückweisung zum Einsatz kommt, hat das Gütefunktional folgende Form:

$$\begin{aligned} J(\boldsymbol{w}) = E[&a_1(-\delta - \boldsymbol{w}^\mathsf{T}\boldsymbol{x}z)\,\mathrm{sgn}\,(-\delta - \boldsymbol{w}^\mathsf{T}\boldsymbol{x}z)\,\mathrm{sgn}\,(z)\\ &+ b_1(\delta - \boldsymbol{w}^\mathsf{T}\boldsymbol{x}z)\,\mathrm{sgn}\,(\delta - \boldsymbol{w}^\mathsf{T}\boldsymbol{x}z)\,\mathrm{sgn}\,(z)\\ &+ c_1(\boldsymbol{w}^\mathsf{T}\boldsymbol{x}z - \delta)\,\mathrm{sgn}\,(\boldsymbol{w}^\mathsf{T}\boldsymbol{x}z - \delta)\,\mathrm{sgn}\,(z)\\ &+ a_2(-\delta - \boldsymbol{w}^\mathsf{T}\boldsymbol{x}z)\,\mathrm{sgn}\,(-\delta - \boldsymbol{w}^\mathsf{T}\boldsymbol{x}z)\,\mathrm{sgn}\,(-z)\\ &+ b_2(\delta - \boldsymbol{w}^\mathsf{T}\boldsymbol{x}z)\,\mathrm{sgn}\,(\delta - \boldsymbol{w}^\mathsf{T}\boldsymbol{x}z)\,\mathrm{sgn}\,(-z)\\ &+ c_2(\boldsymbol{w}^\mathsf{T}\boldsymbol{x}z - \delta)\,\mathrm{sgn}\,(\boldsymbol{w}^\mathsf{T}\boldsymbol{x}z - \delta)\,\mathrm{sgn}\,(-z)], \end{aligned} \quad (3.23)$$

wobei

$\boldsymbol{x}$ — der erweiterte Objektvektor mit der Schwellenkomponente $x_{n+1} = 1$ und den Richtungskomponenten $\boldsymbol{x}^*$,

z — Indikator für Klasse k_1 bzw. k_2 ($z \in \{-1, +1\}$),

δ — Parameter für die Unsicherheitszone (Rückweisungszone),

$$\mathrm{sgn}\,(x) = \begin{cases} 1 & \text{wenn } x > 0 \\ 0 & \text{sonst.} \end{cases}$$

Jedes Objekt geht in das Gütefunktional entsprechend der Indikation falsch, nicht richtig oder richtig mit einer zu dem Abstand von dem Entscheidungsebenenpaar proportionalen Bewertung versehen in das Funktional $J(\boldsymbol{w})$ ein. Die Definition für die von einem einzelnen Objekt verursachten Kosten wird aus der Beziehung

$$J(\boldsymbol{w}) = E[\varphi(\boldsymbol{w})]$$

klar.

Die Lösung des Funktionals, d. h. $\nabla_\mathrm{w} J(\boldsymbol{w}) = 0$, ist durch die folgenden beiden Beziehungen charakterisiert, es erfolgt dabei eine Aufspaltung in die ersten n und in die $(n + 1)$-te Komponente [Stanke (1980)].

a) $(n + 1)$-te Komponente

$$\begin{aligned} &P(1)\, E_{\mathscr{X}_1}[-a_1\,\mathrm{sgn}\,(-\delta - \boldsymbol{w}^\mathsf{T}\boldsymbol{x}) - b_1\,\mathrm{sgn}\,(\delta - \boldsymbol{w}^\mathsf{T}\boldsymbol{x})\\ &+ c_1\,\mathrm{sgn}\,(\boldsymbol{w}^\mathsf{T}\boldsymbol{x} - \delta)] = P(2)\, E_{\mathscr{X}_2}[-a_2\,\mathrm{sgn}\,(-\delta + \boldsymbol{w}^\mathsf{T}\boldsymbol{x})\\ &- b_2\,\mathrm{sgn}\,(\delta + \boldsymbol{w}^\mathsf{T}\boldsymbol{x}) + c_2\,\mathrm{sgn}\,(-\boldsymbol{w}^\mathsf{T}\boldsymbol{x} - \delta)] \end{aligned} \quad (3.24)$$

($P(1)$, $P(2)$ — A-priori-Wahrscheinlichkeiten der Klassen, E — Erwartungswert über den Objekten der Mengen $\mathscr{X}_i$ zu den Klassen k_i). Aus der geometrischen Interpretation des dynamischen Verhaltens des Parametervektors ist zu ersehen, daß durch die $(n + 1)$-te Komponente das Trennebenenpaar im Mittel in einer stabilen Entfernung vom Ursprung gehalten wird.

b) 1-te bis n-te Komponente

$$\begin{aligned} &P(1)\, E_{\mathscr{X}_1}[-a_1\boldsymbol{x}^* \operatorname{sgn}(-\delta - \boldsymbol{w}^\mathsf{T}\boldsymbol{x}) - b_1\boldsymbol{x}^* \operatorname{sgn}(\delta - \boldsymbol{w}^\mathsf{T}\boldsymbol{x}) \\ &+ c_1\boldsymbol{x}^* \operatorname{sgn}(\boldsymbol{w}^\mathsf{T}\boldsymbol{x} - \delta)] = \\ &P(2)\, E_{\mathscr{X}_2}[-a_2\boldsymbol{x}^* \operatorname{sgn}(-\delta + \boldsymbol{w}^\mathsf{T}\boldsymbol{x}) - b_2\boldsymbol{x}^* \operatorname{sgn}(\delta + \boldsymbol{w}^\mathsf{T}\boldsymbol{x}) \\ &+ c_2\boldsymbol{x}^* \operatorname{sgn}(-\boldsymbol{w}^\mathsf{T}\boldsymbol{x} - \delta)]. \end{aligned} \tag{3.25}$$

Hier wird aus der geometrischen Interpretation des dynamischen Verhaltens deutlich, daß sich im Gleichgewichtszustand, d. h. beim Erreichen der Lösung, die an a_1, b_1, c_2 bzw. an a_2, b_2, c_1 gebundenen Komponenten in der Belehrung kompensieren.

Zur Veranschaulichung des Lösungsverhaltens und der Wirkung der Kostenparameter betrachten wir zwei Beispiele.

Beispiel 1: Das 2-Klassenproblem entspreche der Abb. 3.12, die Verteilung der Objekte in den Klassengebieten sei homogen, die Kostenfaktoren haben folgende Form (nur nicht richtig erkannte Objekte verursachen Kosten):

$$a_i = c_i = 0, \quad b_1 = b_2 = b, \quad P(1) = P(2).$$

Die unter a) angegebene Bedingung besagt für dieses Beispiel, daß die Wahrscheinlichkeitsmengen („Masse, Anteil") der in Klasse k_1 und Klasse k_2 nicht richtig erkannten Objekte gleich sind, die unter b) angegebene Bedingung, daß ihre Schwerpunkte aufeinander fallen [Unger und Stanke (1974)].

Beispiel 2: Es sei ein linear separierbares Problem gewählt. Das erscheint trivial, doch es ist in einer Reihe von Anwendungsfällen real, und es läßt sich an diesem Fall der Charakter der eingestellten Lösung am deutlichsten veranschaulichen. Darüber hinaus wird klar, wie die Kostenparameter die Lösung beeinflussen. Für die Parameter seien folgende Werte vorgegeben

$$a_i = 0; \quad b_i = 1; \quad c_i = c, \quad P(1) = P(2).$$

Aus der Bedingung a) folgt, daß die Anteile der richtig klassifizierten Objekte bzw. der nicht richtig klassifizierten Objekte in

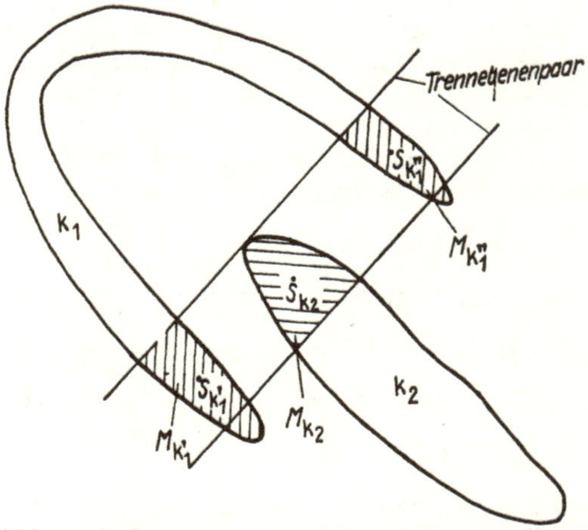

Abb. 3.12. Lösung des in Beispiel 1 angegebenen linear nicht-separierbaren Zweiklassenproblems (M – Masse, S – Schwerpunkt; $M_{k_1'} + M_{k_1''} = M_{k_2}$; $M_{k_1'} \cdot S_{k_1'} + M_{k_1''} \cdot S_{k_1''} = M_{k_2} S_{k_2}$)

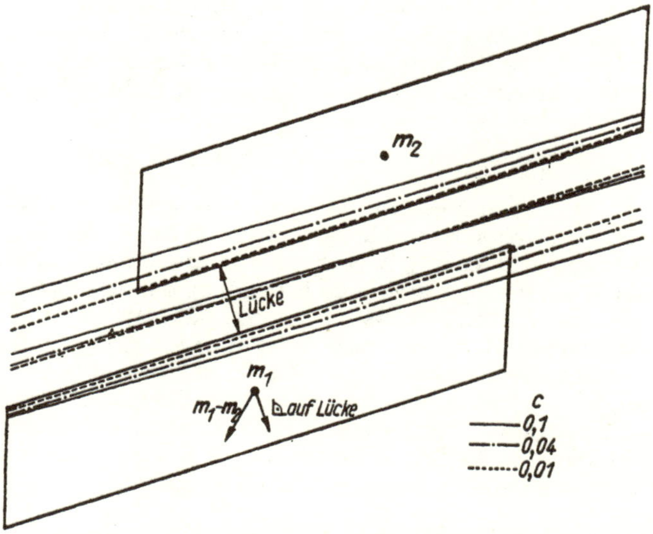

Abb. 3.13. Steuerung der Anteile in der Rückweisungszone, Approximation der Lücke für unterschiedliche Parametergrößen c

den beiden Klassen gleich sind. Aus der Bedingung b) läßt sich errechnen, daß das in der Lösung eingestellte Verhältnis von richtig klassifizierten Objekten zu nicht richtig klassifizierten Objekten direkt von dem vorgebbaren Parameter c abhängig ist. Es besteht so die Möglichkeit, die einzustellende Lösung gezielt über c zu beeinflussen.

Bestimmung der Lösung für (3.23) durch Anwendung der stochastischen Approximation

Es wird auf ein Theorem von WAPNIK und TSCHERWONENKIS (1979) zurückgegriffen. Dies ist möglich, da $J(\boldsymbol{w})$ konvex ist und somit in jedem Punkt der verallgemeinerte Gradient (∇_0) existiert. Das Theorem besagt, daß für jeden beliebigen Anfangsvektor $\boldsymbol{w}_a$ mit Wahrscheinlichkeit 1 das Infimum (untere Grenze) von $J(\inf J(\boldsymbol{w}))$ erreicht werden kann. Für $J(\boldsymbol{w})$ läßt sich zeigen, daß die in dem Theorem angegebenen Bedingungen, Begrenztheit des Funktionals, des Erwartungswerts des Quadrats des Gradienten und der Störungen, erfüllt sind. Somit kann unter Verwendung von (3.23) abgeleitet werden:

$$\begin{aligned} \boldsymbol{w} := \boldsymbol{w} &+ \gamma \boldsymbol{y} z (a_1 \operatorname{sgn}(-\delta - \boldsymbol{w}^\mathsf{T} \boldsymbol{x} z) \operatorname{sgn}(z) \\ &+ b_1 \operatorname{sgn}(\delta - \boldsymbol{w}^\mathsf{T} \boldsymbol{x} z) \operatorname{sgn}(z) \\ &- c_1 \operatorname{sgn}(\boldsymbol{w}^\mathsf{T} \boldsymbol{x} z - \delta) \operatorname{sgn}(z) \\ &+ a_2 \operatorname{sgn}(-\delta - \boldsymbol{w}^\mathsf{T} \boldsymbol{x} z) \operatorname{sgn}(-z) \\ &+ b_2 \operatorname{sgn}(\delta - \boldsymbol{w}^\mathsf{T} \boldsymbol{x} z) \operatorname{sgn}(-z) \\ &- c_2 \operatorname{sgn}(\boldsymbol{w}^\mathsf{T} \boldsymbol{x} z - \delta) \operatorname{sgn}(-z)) . \end{aligned} \tag{3.26}$$

Werden $a_1 = a_2 = a$, $b_1 = b_2 = 1$, $c_1 = c_2 = c$ und $\boldsymbol{y} = (\boldsymbol{x}z)$ gesetzt, so ist sofort zu sehen, daß (3.26) den Charakter eines um die an a und c gebundenen Terme erweiterten (Fehler-) Korrekturalgorithmus hat:

$$\begin{aligned} \boldsymbol{w} := \boldsymbol{w} &+ \gamma \boldsymbol{y} \operatorname{sgn}(\delta - \boldsymbol{w}^\mathsf{T} \boldsymbol{y}) \\ &+ \gamma \boldsymbol{y} (a \operatorname{sgn}(-\delta - \boldsymbol{w}^\mathsf{T} \boldsymbol{y}) \\ &- c \operatorname{sgn}(\boldsymbol{w}^\mathsf{T} \boldsymbol{y} - \delta)) . \end{aligned} \tag{3.27}$$

Die Erweiterung besteht darin, daß bei falsch zugeordneten Objekten ein größerer, durch a gesteuerter Belehrungsschritt durchgeführt wird, und daß bei richtig zugeordneten Objekten eine gegensinnige, durch c geringer bewertete Korrektur eintritt.

3.4. *Lernverfahren mit Nebenbedingungen*

Die Adaption einer Rückweisungszone (RWZ) für ein 2-Klassenproblem läßt sich auch durch die Aufnahme einer zusätzlichen Nebenbedingung in das zu optimierende Funktional erreichen [STANKE und SCHOENBORN (1976)].
Der Iterationsalgorithmus (IA) gemäß Abschnitt 3.3. optimiert ein Gütefunktional

$$J(\boldsymbol{w}) = E[(\delta - \boldsymbol{w}^{\mathsf{T}}\boldsymbol{y}) \operatorname{sgn} (\delta - \boldsymbol{w}^{\mathsf{T}}\boldsymbol{y})]$$

und hat die Form

$$\boldsymbol{w} := \boldsymbol{w} + \gamma \boldsymbol{y} \operatorname{sgn} (\delta - \boldsymbol{w}^{\mathsf{T}}\boldsymbol{y}).$$

Die in den RWZ-Algorithmus eingehende Nebenbedingung beinhaltet, daß alle nicht richtig klassifizierten Objekte in der Rückweisungszone liegen, es keine Fehlklassifikationen — Zuweisungen zu der anderen Klasse — gibt. Letzteres ist äquivalent mit der Forderung:

$$E[(-\delta - \boldsymbol{w}^{\mathsf{T}}\boldsymbol{y}) \operatorname{sgn} (-\delta - \boldsymbol{w}^{\mathsf{T}}\boldsymbol{y})] = 0.$$

Als Nebenbedingung läßt sich dann formulieren

$$G(\boldsymbol{w}) = E[(-\delta - \boldsymbol{w}^{\mathsf{T}}\boldsymbol{y}) \operatorname{sgn} (-\delta - \boldsymbol{w}^{\mathsf{T}}\boldsymbol{y}) - \varkappa\delta)] \leqq 0.$$

Der maximal zulässige Anteil an Fehlklassifikationen wird durch $\varkappa > 0$ determiniert. Nach Einführung des LAGRANGEschen Multiplikators zum Anschluß der Nebenbedingung und Verwendung des Theorems von KUHN-TUCKER ergibt sich folgende Iterationsvorschrift:

$$\boldsymbol{w} := \boldsymbol{w} + \gamma \boldsymbol{y}(\operatorname{sgn} (\delta - \boldsymbol{w}^{\mathsf{T}}\boldsymbol{y}) + \lambda \operatorname{sgn} (-\delta - \boldsymbol{w}^{\mathsf{T}}\boldsymbol{y}))$$

$$\lambda := \max(0; \lambda + \gamma((-\delta - \boldsymbol{w}^{\mathsf{T}}\boldsymbol{y}) \operatorname{sgn}(-\delta - \boldsymbol{w}^{\mathsf{T}}\boldsymbol{y}) - \varkappa\delta)). \tag{3.28}$$

Für die Folge der γ müssen die Bedingungen der stochastischen Approximation erfüllt sein (3.21).

Der RWZ-Algorithmus unterscheidet sich von dem IA-Algorithmus im wesentlichen dadurch, daß bei der Belehrung fehlklassifizierte Objekte mit dem Faktor $\lambda + 1$, also verstärkt, berücksichtigt werden und λ gemäß (3.28) adaptiert wird.

Nachfolgend werden anhand einer Klassifikationsaufgabe, der Trennung von Hagel- und Regenwolken, der Iterationsalgorithmus gemäß Abschnitt 3.3. mit dem Rückweisungszonenalgorithmus verglichen. Der Datensatz besteht aus 490 Objektvektoren, die 80 Hagel- und 410 Regenwolken beschreiben. Jeder Objektvektor enthält 8 Komponenten. Eine zyklische Belehrungsfolge wurde stochastisch zusammengestellt. Der Anfangsvektor war jeweils der Einheitsvektor, δ wurde gleich 1 gesetzt und λ gleich 0. Die Tabelle 3.2 zeigt die erhaltenen Ergebnisse einschließlich der erreichten Breiten (2Δ) der Rückweisungszonen.

Tabelle 3.2
Ergebnisse mit dem IA-Algorithmus und dem RWZ-Algorithmus
NRK — nicht richtig klassifizierte Objekte
FK — fehlklassifizierte Objekte

Zyklen	IA-Algorithmus					RWZ-Algorithmus					
	NRK		FK			NRK		FK			
	k_1	k_2	k_1	k_2	2Δ	k_1	k_2	k_1	k_2	2Δ	λ
250	39	30	5	0	0,27	41	50	2	0	0,22	10,6
500	37	32	5	0	0,24	40	49	1	0	0,20	10,8
1000	36	34	5	0	0,22	37	48	1	0	0,19	10,8
2000	36	33	6	0	0,20	37	46	0	0	0,18	10,8
nach Zonenverschiebung	26	84			0,23						

$w_0 = (1,1, \ldots, 1)$; $\delta = 1$; $\lambda_0 = 0$; $\gamma = 1/(20 + \text{Zyklen})$; $k_1 : k_2 \approx 1:5$

Die parallele Zonenverschiebung und -erweiterung erfolgen für den IA-Algorithmus so, daß es gerade noch keine Fehlklassifikation gibt. Die der Tab. 3.2 zu entnehmenden Unterschiede bezüglich des Adaptionsverhaltens mit und ohne Nebenbedingungen sind typisch, wie weitere Simulationen mit Teilmengen dieses Datensatzes zeigten. Der RWZ-Algorithmus zeigt ein wesentlich besser angepaßtes Verhalten. Die Wirkung der hier eingeführten Nebenbedingung entspricht der der Kostenkoeffizienten a_i im Abschnitt 3.2.

Für die in der Rückweisungszone eingeschlossenen Elemente ist das gleiche Verfahren erneut anwendbar. Es entsteht so eine stückweise lineare Klassifizierungsfunktion.

3.5. Weitere Lernverfahren

3.5.1. Schwellenwertelement von Morishita

Bei dem Morishita-*Element* wird im Unterschied zum adaptiven Schwellenwertelement in jedem Schritt belehrt. Die Richtung der Belehrung wird durch das Signum des Skalarprodukts gesteuert (Abb. 3.14). Ein „Vergessensfaktor" vermindert gleichzeitig den Wert des bisher eingestellten Gewichtsvektors. Das rückgekoppelte Schwellenwertelement von Morishita enthält Rückführungen an die Gewichte und arbeitet nach der Verstellregel (diskrete Version)

$$\boldsymbol{w} := (1 - \gamma)\, \boldsymbol{w} + \gamma \boldsymbol{x} \operatorname{sign} (\boldsymbol{w}^{\mathrm{T}} \boldsymbol{x}).^{1)} \tag{3.29}$$

Dieses ASE gehört der Klasse autonomer lernfähiger Systeme an. Morishita hat die bis auf eine kleine Schwankungsgröße stabile Lösung $\hat{\boldsymbol{w}}$ der (3.29) zugrundeliegenden stochastischen Differentialgleichung angegeben. Es gilt

$$\hat{\boldsymbol{w}} = \lim_{t \to \infty} \frac{1}{h} \int_{t-h}^{t} \boldsymbol{w}_1(t)\, \mathrm{d}t .$$

$\hat{\boldsymbol{w}}$ ist unter den Voraussetzungen, daß die Mittelwerte sämtlicher Komponenten von $\boldsymbol{x}$ verschwinden und das Skalarprodukt $(\boldsymbol{w}^{\mathrm{T}} \boldsymbol{x})$ normalverteilt ist, parallel zum Eigenvektor des größten Eigenwerts der Kovarianzmatrix

$$\Sigma = E[(\boldsymbol{x} - \boldsymbol{m})\, (\boldsymbol{x} - \boldsymbol{m})^{\mathrm{T}}] = E[(\boldsymbol{x}\, \boldsymbol{x}^{\mathrm{T}})]$$

mit $\boldsymbol{m} = E[\boldsymbol{x}] = \boldsymbol{0}$.

Die Frage nach dem Gütekriterium, welches mit Regel (3.29) erfüllt wird, ist damit indirekt beantwortet, es wird ein Kriterium der Art

$$E[(\boldsymbol{x} - \operatorname{sign} (\boldsymbol{w}_1{}^{\mathrm{T}} \boldsymbol{x})\, \boldsymbol{w}_1)^2] \to \min$$

erfüllt (Abb. 3.14).

---

[1]) Die Funktion sign wird definiert durch:

$$\operatorname{sgn}(x) = \begin{cases} +1 & \text{für } x \geqq 0 \\ -1 & \text{für } x < 0. \end{cases}$$

Die zusätzliche Voraussetzung über die Normalverteilung von $(\boldsymbol{w}^{\mathrm{T}}\boldsymbol{x})$ schränkt die Leistungsfähigkeit dieser Kriterien nur wenig ein. Der Fall $E[\boldsymbol{x}] \neq 0$ läßt sich ohne besonderen Aufwand, vor allem wenn diese ASE in Netzen verwendet werden, verwirklichen. Die ASE enthalten eine Schwelle, deren Verstellung für das Erreichen von $E[\boldsymbol{x}] = 0$ genutzt wird [Fritzsch (1976c)].

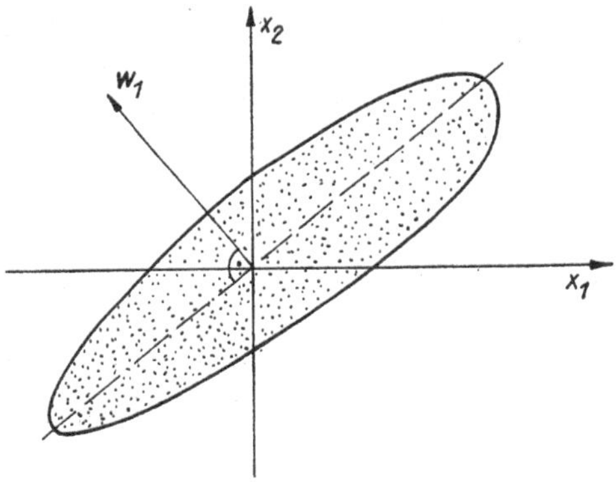

Abb. 3.14. Ergebnis der Belehrung zur Erfüllung des Gütekriteriums des Morishita-Elementes

3.5.2. *Belehrungsverfahren zur (näherungsweisen) Erfüllung von Maximin-Kriterien*

Bei dem Morishita-Element geht in die erlernten Parametervektoren die globale Information der gesamten Objektmenge ein. Für die Klassentrennung sind aber im wesentlichen die Bereiche der Klassen interessant, die benachbart liegen (Abb. 3.15), insbesondere für die Maximierung der minimalen Abstände. In [Fritzsch (1976c)] ist gezeigt, daß die Erfüllung des *Maximin-Kriteriums* näherungsweise durch eine Abänderung der in (3.29) angegebenen Algorithmen erreicht werden kann. Es wird dabei eine Nachbelehrung angeschlossen, für die nur die Objekte in die Belehrungsfolge mit aufgenommen werden, die einen vorgegebenen minimalen Abstand zur Trennebene unterschreiten. Die Möglichkeit der Nachbelehrung zeichnet adaptive Verfahren gegenüber analytischen aus, da bei letzteren der Berechnungsvorgang komplett wiederholt werden muß. Auf die Vorteile, die die Möglichkeit der Nachbelehrung bietet, insbesondere auch durch die Steuerbarkeit der Größe der Korrektur, wird in Abschnitt 3.3.1. eingegangen.

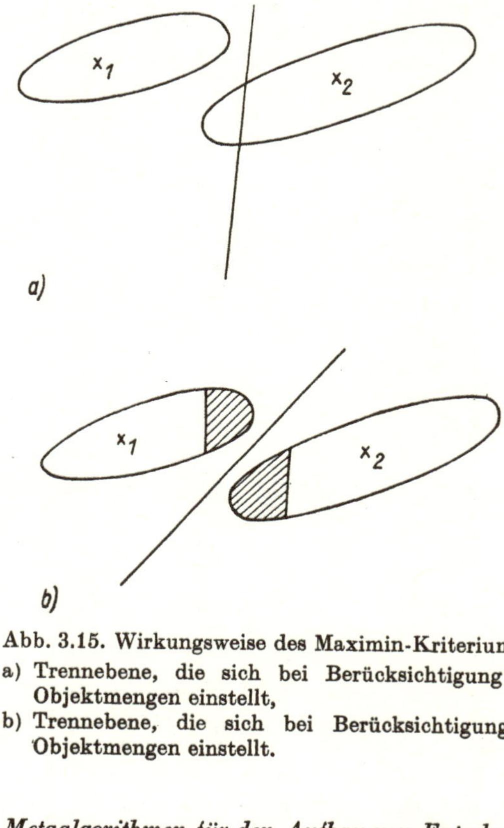

Abb. 3.15. Wirkungsweise des Maximin-Kriteriums

a) Trennebene, die sich bei Berücksichtigung der globalen Objektmengen einstellt,

b) Trennebene, die sich bei Berücksichtigung der lokalen Objektmengen einstellt.

3.5.3. *Metaalgorithmen für den Aufbau von Entscheidungsbäumen*

Entscheidungsbäume sind in ihrer Verwendung als Klassifikatoren im Abschnitt 4.2.3.4. beschrieben. Der Grundalgorithmus für ihren Aufbau wird nachfolgend anhand des Erlernens einer aussagenlogischen Funktion veranschaulicht. In diesem Fall liegen zwei Klassen k_1 und k_2 vor, die Merkmale x_i können die Ausprägungen 0 bzw. 1 annehmen. Für den Lernprozeß wird davon ausgegangen, daß eine zweckmäßige Reihenfolge der Merkmale x_i vorgegeben ist. Es sind ein Anfangsschritt und ein Induktionsschritt für den Aufbau des *Entscheidungsbaums* zu unterscheiden.

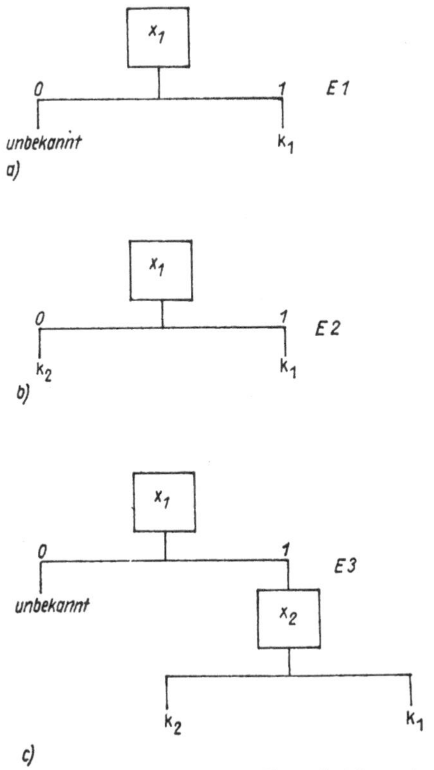

Abb. 3.16. Aufbau eines Entscheidungsbaumes
a) Anfangsschritt
σ) Induktionsschritt (2)
c) Induktionsschritt (3)

Anfangsschritt

Der Baum besteht nur aus einem Testknoten (z. B. für das Merkmal x_1). Der Wert dieses Merkmals wird für das erste Objekt geprüft, und in Abhängigkeit davon wird die Verzweigung des ersten Testknotens aufgebaut. In Abb. 3.16a entsteht der Baum $E1$ für $x_1 = 1$ so Klasse k_1 und $x_1 = 0$ so unbekannt.

Induktionsschritt

Ein Objekt wird mit Hilfe des bereits vorhandenen Baums klassifiziert. Es sind dann drei Fälle (bei denen in der Abb. 3.16 jeweils $E1$ der Ausgangsbaum ist) zu unterscheiden:

1. Das Objekt wird richtig klassifiziert, der Baum bleibt unverändert.
2. Das Objekt wird „unbekannt" zugeordnet, an dem mit „unbekannt" belegten Ausgang wird die Klasse des Objekts (z. B. k_2) eingetragen, es entsteht der Baum $E2$ (Abb. 3.16b).
3. Das Objekt (z. B. der Klasse k_2) wird falsch klassifiziert, es wird ein neuer Testknoten mit dem Merkmal x_2 eröffnet, an dem Ausgang mit der entsprechenden Ausprägung von x_2 (hier z. B. $x_2 = 0$) wird die Klasse des Objektes eingetragen, an dem anderen kann k_1 erhalten bleiben bzw. „unbekannt" „angetragenwerden. Es entsteht der Baum $E3$ (Abb. 3.16c).

Abgebrochen wird, wenn nach einem kompletten Durchlauf der Objektmenge keine Änderungen am Baum mehr erforderlich sind.

3.6. *Stichprobenumfang und Klassifikationsgüte*

Für die Anwendbarkeit eines durch Belehrung anhand einer *Stichprobe* eingestellten Klassifikators (Parametersatzes) ist die Eigenschaft der Generalisierung ein wesentliches Qualitätsmerkmal. Die für die Belehrung ausgewählte Stichprobe muß für die Gesamtmenge repräsentativ sein, nur so sind vernünftige Generalisierungseigenschaften erreichbar. Dies erfordert, die *Lernstichprobe* mit großer Sorgfalt zu bestimmen.

Allgemein gilt die — leicht einsehbare — Tendenz, daß eine steigende Anzahl einzustellender Parameter auch eine steigende Anzahl von Objekten in der Lernstichprobe erfordert, wenn die Generalisierungsfähigkeit gleich bleiben soll. Anschaulich läßt sich die Wechselwirkung von Parameteranzahl und Objektanzahl und deren Einfluß auf den Klassifikator anhand der Kapazität eines *linearen Klassifikators* [Nilsson (1965)] ν darstellen (Abb. 3.17).

Auf der waagerechten Achse ist der Parameter ν, $\nu = N/n$, aufgetragen, wobei N die Anzahl der Objekte in der Stichprobe und n die Anzahl der einstellbaren Parameter (Gewichte) sind. Auf der senkrechten Achse ist die Wahrscheinlichkeit dafür, daß eine zufällig im n-dimensionalen Raum verteilte Punktmenge aus zwei Klassen durch einen linearen Klassifikator trennbar ist, aufgetragen. Der stufenförmige Verlauf der Abhängigkeit bei größeren n ist deutlich ausgeprägt. Es geht daraus hervor, daß dann, wenn die Anzahl der Objekte in der Stichprobe kleiner ist

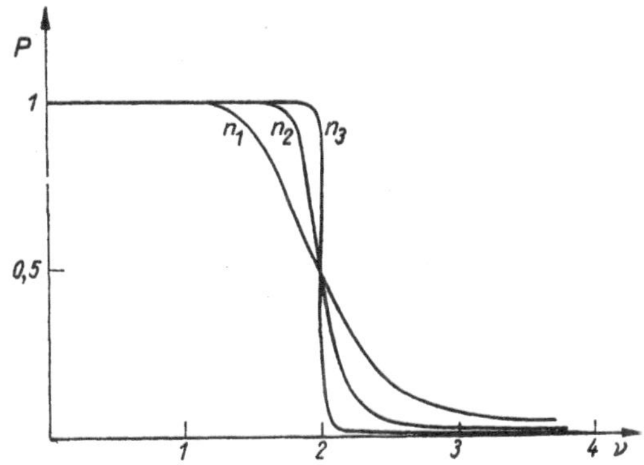

Abb. 3.17. Kapazität eines linearen Klassifikators ($n_1 < n_2 < n_3$)

als die mit dem Faktor 2 multiplizierte Dimensionalität des Objektraumes, die Realisierung der Klassifikation in einem Lernprozeß trivial ist. Mit jedem neu hinzukommenden Objekt (um den Wert $\nu = 2$) kann die Realisierungswahrscheinlichkeit jedoch rapide fallen. Das bedeutet auch, daß die Generalisierungsfähigkeit im Bereich $< 2\nu$ gering ist. Um in dem Bereich $> 2\nu$ die Realisierungswahrscheinlichkeit zu erhöhen, können nichtlineare Kombinationen der Merkmale, d. h. Terme 2. und höherer Ordnung (x_1^2, x_2^2, x_1x_2, ...) hinzugenommen werden. Dadurch wird ein Merkmalsraum höherer Dimension aufgespannt. In diesem ist die Wahrscheinlichkeit für die Realisierbarkeit der Klasseneinteilung wieder höher, die Generalisierungsfähigkeit zeigt eine umgekehrte Tendenz. (Zu bemerken ist, daß in diese Aussage die natürlichen Clustereigenschaften von Klassen nicht explizit eingegangen sind.)

Ein objektives Maß für die Güte eingestellter Klassifikatoren ist eine empirisch ermittelte Fehlerabschätzung. Angeführt seien die π-Methode und als Spezialfall die *U-Methode*. Bei der U-Methode wird jeweils mit der gesamten Objektmenge unter Ausschluß eines Objektes belehrt. Dieses eine Objekt wird zum Test herangezogen. Da dabei jedes Objekt für den Test verwendet wird, ist der Aufwand für die Bestimmung der Fehlerabschätzung sehr hoch, es müssen soviel Klassifikatoren berechnet werden, wie Objekte in der Gesamtmenge vorhanden sind. Dafür ist die erhaltene Fehlerschätzung annähernd erwartungstreu. Bei der π-Methode werden jeweils gleichzeitig mehrere Objekte (maximal $N/2$) für den Test aus der Gesamtmenge herausgelassen, so daß der Aufwand entsprechend sinkt, allerdings auch die Güte der erhaltenen Fehlerangabe. Diese Methoden zur Fehlerabschätzung sind insbesondere für Klassifikatoren geeignet, die mit den in diesem Kapitel beschriebenen Lernverfahren aufgebaut werden. Zu Fehlerabschätzungen siehe auch Toussaint (1974).

4. Lernverfahren in der Merkmalsextraktion, Klassifikation und Clusterung

4.1. Merkmalsextraktion

Bei der *visuellen Erkennung* sind in der Regel hohe Datenraten zu bewältigen. Dies liegt an dem dabei verwendeten Rasterprinzip zur Bilddarstellung. Auf diesem Gebiet erweist sich der Einsatz von Lernverfahren als sehr fruchtbar. Die statistische Schätztheorie ist zwar gut geeignet, um die Probleme grundsätzlich und allgemein zu formulieren, kann aber wegen der hohen Dimensionalität der Daten praktisch kaum eingesetzt werden.

Zur Darstellung eines 256×256-Bilds wäre eine 65536-dimensionale Wahrscheinlichkeitsdichte zu verarbeiten, die erst durch eine Stichprobe in der Größenordnung von einigen Millionen Bildern mit einiger Zuverlässigkeit geschätzt werden könnte.

Das Mißverhältnis zwischen dem erforderlichen und dem realisierbaren Stichprobenumfang wird aufgelöst, indem in einem Parameterraum gearbeitet wird. Bei der visuellen Erkennung haben diese Parameter oft eine anschauliche Bedeutung und werden als Merkmale bezeichnet. Der Begriff des Merkmals wird auch in anderen Objektbereichen verwendet und hat sich als terminus technicus durchgesetzt. Der Lernprozeß zur Einstellung von Klassifikatoren läuft in der Regel in einem solchen Merkmalsraum ab. Die Aufgabe von *Merkmalsextraktionsverfahren* besteht nun darin, aus der hochdimensionalen Primärdarstellung der zu erkennenden Objekte eine komprimierte Sekundärdarstellung im Merkmalsraum zu erzeugen.

Die *Merkmalsextraktion* hat innerhalb der lernfähigen Erkennung eine relativ selbständige Stellung und umfaßt eine Reihe von Techniken auf der Grundlage vektorieller Primärdarstellungen. *Vektorielle Objektdarstellungen* bzw. -beschreibungen entstehen dadurch, daß ein Satz von Meßgrößen in einen metrischen Raum übertragen und wie ein Vektor behandelt wird.

Für die Merkmalsbildung kommen zwei Typen von *Gütekriterien* in Betracht:

— Kriterien zur Extremalisierung mittlerer quadratischer Abstände zwischen Objekten bzw. Klassen (Typ A),
— Kriterien zur Maximalisierung minimaler Objekt- bzw. Klassenabstände (Typ B).

Typ A ist bequemer handhabbar als Typ B, dafür aber nicht so leistungsfähig. Beiden Typen von Kriterien ist gemeinsam, daß sie die Optimalität der Merkmalsbildung unabhängig von der Klassifikation festlegen. Die Gütemaße basieren auf Abstandsmessungen. Dabei geht man von der Überlegung aus, daß Objekte, die sich im Merkmalsraum entsprechend der Metrik weit voneinander entfernt befinden, auch durch einen Klassifikationsalgorithmus leicht voneinander unterschieden werden können.

Wir betrachten hier vorwiegend geometrisch begründete Abstandsmaße. Es existieren außerdem noch zahlreiche Gütemaße auf der Grundlage informationstheoretischer Kennwerte. Für Spezialfälle lassen sich quantitative Beziehungen zwischen geometrischen und informationstheoretischen Abstandsmaßen angeben. Wir gehen hierauf jedoch nicht ein.

Die Kriterien ihrerseits lassen sich außerdem einteilen in

— Kriterien zur Merkmalsauswahl und
— Kriterien zur Merkmalstransformation.

Bei der Auswahl wird anhand von Kriterien über die Eignung von einzelnen Primärmerkmalen entschieden, bei der Transformation werden Primärmerkmale meist gewichtet zu Sekundärmerkmalen zusammengefaßt.

4.1.1. Merkmalsauswahl

Die *Merkmalsauswahl* kann nach den folgenden Gesichtspunkten erfolgen:

- Rangfolge nach den Gütewerten der Einzelmerkmale,
- Rangfolge nach dem Beitrag eines Merkmals unter Beachtung des mit den bereits ausgewählten Merkmalen erreichten Gütewerts (Anstiegsverfahren),
- Rangfolge nach dem Güteverlust, der sich bei Weglassen eines Merkmals ergibt (Abstiegsverfahren).

Zielstellung ist die Auswahl einer „besten Untermenge" von m aus n Merkmalen, z. B. die Auswahl von Rasterbildpunkten, Rasterbildzeilen, Spektralbanden, usw.

Betrachten wir zuerst einen Spezialfall parametrischer Verteilungen, bei dem zwei Klassen durch multivariate Normalverteilungen (s. Abschn. 4.2.2.) mit den Mittelwertvektoren μ_1, μ_2 und der gleichen Kovarianzmatrix Σ beschrieben werden. Besitzen beide Klassen die gleiche A-priori-Wahrscheinlichkeit, so ergibt sich als *Fehlerrate* F_r des optimalen Klassifikators (s. Abschn. 4.2.1.)

$$F_r = \frac{1}{\sqrt{2\pi}} \int\limits_{a/2}^{\infty} \exp\left(-\frac{u^2}{2}\right) du$$

mit

$$a^2 = (\mu_1 - \mu_2)^T \Sigma^{-1}(\mu_1 - \mu_2). \tag{4.1}$$

Die Maximierung von a^2 ist gleichbedeutend mit der Minimierung der Fehlerrate. Sind die n Merkmale linear unabhängig, so stehen lediglich in der Diagonalen von Σ die Terme $\sigma_1^2, \sigma_2^2, \ldots \sigma_n^2$ und es gilt

$$a^2 = \sum_{i=1}^{n} \left(\frac{\mu_{i1} - \mu_{i2}}{\sigma_i}\right)^2. \tag{4.2}$$

Die Rangfolge der Merkmale wird durch den Wert des Klammerausdrucks in (4.2) bestimmt. Sind die Merkmale linear abhängig, so ist (4.1) mit $\binom{n}{m} = n!/[(n-m)!m!]$ Komplexionen von Merkmalen zu berechnen, um die besten m Merkmale zu ermitteln. Solch eine erschöpfende (vollständige) Suche ist nur bei kleinen Werten von n und m durchführbar.

Die sequentielle Merkmalsauswahl führt auf suboptimale Verfahren. Bei dem *Anstiegsverfahren* wird als erstes Merkmal das beste gemäß dem vorgegebenen Gütekriterium ausgesucht. Im i-ten Schritt wird von den noch vorhandenen $n - i + 1$ Merkmalen dasjenige ausgewählt, bei dem in diesem Schritt die größte Zunahme des Gütewerts erhalten wird, bzw. bei $i < m$ abgebrochen, wenn keine Zunahme des Gütewertes mehr erreicht wird.

Für die Auswahl von m aus n Merkmalen sind die Gütewerte von

$$\sum_{i=1}^{m} (n - i + 1) = m\left(n - \frac{m-1}{2}\right)$$

Merkmalssätzen zu berechnen.

Bei dem *Abstiegsverfahren* wird in jedem Schritt ein Merkmal entfernt. Im i-ten Schritt ist von den noch vorhandenen $n - i + 1$ Merkmalen dasjenige auszusondern, bei dem die verbleibenden den höchsten Gütewert liefern. Für die Auswahl von m aus $n > m$ Merkmalen sind die Gütewerte von

$$\sum_{i=1}^{n-m} (n - i + 1) = (n - m)\left(\frac{n + m + 1}{2}\right)$$

Merkmalssätzen zu berechnen.

Abb. 4.1 vergleicht den Aufwand für die Auswahl von m aus $n = 20$ Merkmalen bei erschöpfender Suche und sequentieller Merkmalsauswahl.

Ist der Gütewert eine monotone Funktion der Merkmale, so kann für die Ermittlung der optimalen Untermenge „*Branch and Bound*" (Verzweigung und Begrenzung) eingesetzt werden. Betrachten wir zunächst den Baum in Abb. 4.2, bei dem für $m = 2$ und $n = 6$ alle $\binom{n}{m}$ Komplexionen von m aus n Merkmalen durch systematisches Entfernen von Merkmalen am Ende des Baums erhalten werden. In jedem Knoten ist das Merkmal angegeben, das an dieser Stelle entfernt wird. Die Knoten auf dem Weg vom Ursprung des Baums bis zu einem Knoten enthalten die bereits entfernten Merkmale. Beispielsweise gehören zu dem 4. Niveau in dem äußersten rechten Zweig in Abb. 4.2 die beiden verbleibenden Merkmale 1 und 2. Für beliebiges n und m mit $m < n$ gilt, daß das erste Niveau $m + 1$ Knoten hat und insgesamt $n - m$ Niveaus existieren.

Bei „Branch and Bound" erfährt die Verzweigung dort eine Begrenzung, wo aus dem Gütewert zu entnehmen ist, daß der

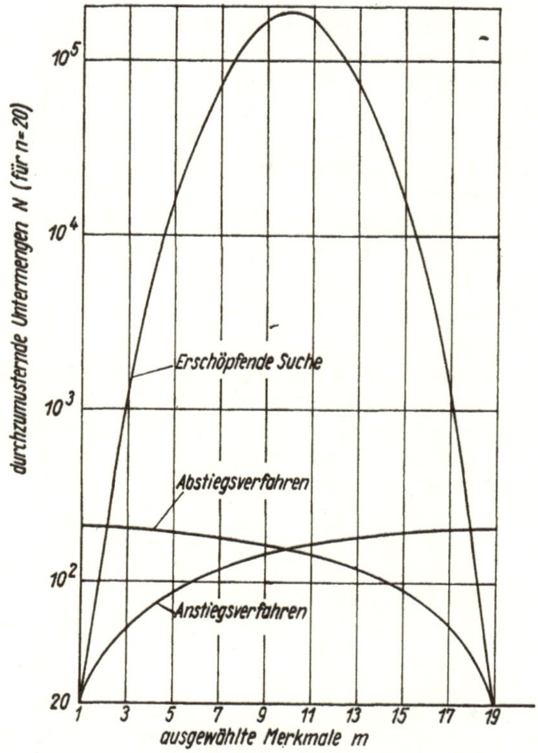

Abb. 4.1. Vergleich des Aufwands bei erschöpfender Suche und sequentieller Merkmalsauswahl

neue Zweig nicht zum optimalen Merkmalssatz führt. Haben wir eine Untermenge aus m Merkmalen mit dem Gütewert $Q = C$ gefunden, so gilt aufgrund der Monotonie, daß jede Untermenge mit mehr als m Merkmalen und einem Gütewert $Q < C$ den optimalen Merkmalssatz nicht enthalten kann. Wird bei einer weiteren Verzweigung bis zu m Merkmalen ein Gütewert $C^* > C$ gefunden, so wird für die weiteren Verfahrensschritte C durch C^* ersetzt.

Für die vorteilhafte Anwendung von „Branch and Bound" gelten die folgenden Überlegungen [Narenda und Fukunaga (1977)].

— Die Knoten zum gleichen Niveau haben nicht alle die gleiche Anzahl von Kanten. Beispielsweise gehen vom Knoten A drei Kanten ab, während dem Knoten B nur eine Kante folgt. Entsprechend gehören zu dem Knoten A eine größere Anzahl von Tests als zu dem Knoten B.
— In jedem Niveau können innerhalb eines Untergraphen die noch zu prüfenden Merkmale beliebig zugeordnet werden. Beispielsweise können in dem Zweig hinter dem Knoten A die drei Knoten durch beliebige der noch zu prüfenden 4 Merkmale belegt werden.

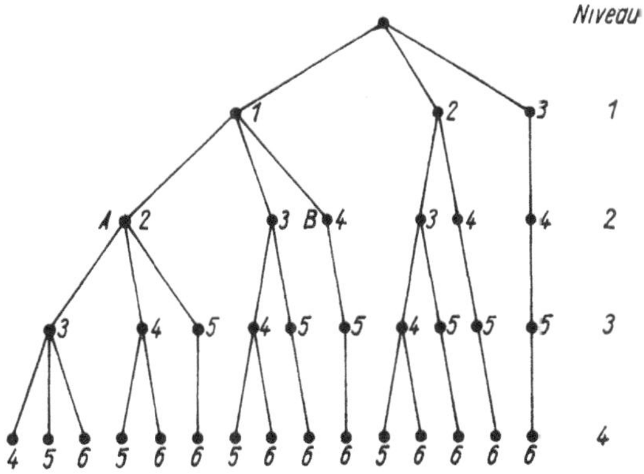

Abb. 4.2. Baum für die Auswahl von 2 aus 6 Merkmalen

Der maximale Vorteil bei der Anwendung von „Branch and Bound" wird erreicht, wenn die einem Knoten im nächsten Niveau folgenden Knoten so mit Merkmalen belegt werden, daß der Knoten mit dem kleineren Gütewert die größere Anzahl von Kanten erhält und so bei einem Gütewert $Q < C$ ein kantenreicher Zweig des Baums nicht mehr durchmustert zu werden braucht.

4.1.2. *Merkmalstransformation*

Die zweite wichtige Herangehensweise an die Merkmalsextraktion, die ***Merkmalstransformation***, umfaßt einen weiten Bereich. Die wesentliche Idee besteht darin, daß durch die Transformation in einen anderen Raum eine verbesserte Darstellung für die Klassifikation der Objekte erreicht wird. Sind die Primärmerkmale beispielsweise Schwingungsverläufe (Schallsignale, seismische Signale etc.), so wird oft durch eine Fourier-Transformation der gewünschte Effekt erreicht. Dabei gibt es wenig Möglichkeiten zum sinnvollen Einsatz von Lernverfahren. Dies ist jedoch dann der Fall, wenn die Gestalt der Transformation noch nicht bekannt und erst zu ermitteln ist, wie bei der Karhunen-Loève-*Entwicklung*.

Die Aufgabe besteht in folgendem: Sei $\mathscr{X}$ eine Menge von Objekten im n-dimensionalen Primärraum. Es wird ein neues Orthonormalsystem

$$\{\boldsymbol{w}_i\}, \quad i = 1, \ldots, r,$$

gesucht, das unter der Nebenbedingung $r < n$ ein Approximationskriterium

$$J = E\left[\left(\boldsymbol{x} - \sum_{i=1}^{r} \varphi_i \boldsymbol{w}_i\right)^2\right] \to \min \tag{4.3}$$

erfüllt. Die r-Tupel $\{\varphi_i\} = \varphi \in \mathscr{M}$ bilden die Sekundärdarstellung im Merkmalsraum. Wird zusätzlich zur Orthonormalität des Systems $\{\boldsymbol{w}_i\}$ noch die statistische Unabhängigkeit der Entwicklungskoeffizienten gefordert

$$E[\varphi_i \varphi_j] \sim \delta_{ij}\text{[1]},$$

so entspricht die Zerlegung

$$\varphi_i = \boldsymbol{x}^{\mathsf{T}} \boldsymbol{w}_i, \qquad i = 1, \ldots, r$$

genau der Karhunen-Loève-Entwicklung. Anschaulich läßt sich dies in der Abb. 4.3 zeigen. Die Objektmenge $\mathscr{X}$ ist im Primärraum durch Wertepaare (x_1, x_2) dargestellt. Der Merkmalsraum $\mathscr{M}^{(1)}$ wird durch die Achse $\boldsymbol{w}_1$ aufgespannt. Die Sekundärdarstellung hat nur noch eine Dimension.

Die Koordinatensysteme wurden so gewählt, daß die Mittelwerte $E[\boldsymbol{x}]$ im Primärraum und $E[\varphi]$ im Merkmalsraum verschwinden, was keine Einschränkung der Allgemeinheit bedeutet. Ein Lernalgorithmus zur Ermittlung von $\boldsymbol{w}_1$ gemäß Gl. (4.3) ist durch das Morishita-Element realisiert (s. Abschnitt 3.1.6). Wie

---

[1]) Das Kronecker-Symbol δ_{ij} ist definiert durch:

$$\delta_{ij} = \begin{cases} 1 & \text{für } i = j, \\ 0 & \text{sonst.} \end{cases}$$

jedoch Abb. 4.3a zeigt, wird bei ungünstiger Lage und Form der Klassengebiete durch die KARHUNEN-LOÈVE-Entwicklung nicht immer ein klassentrennender Vektor gefunden.

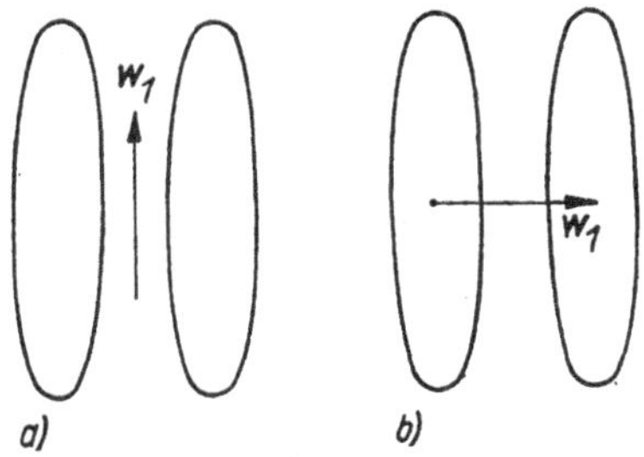

Abb. 4.3. Klassengebiete im Primärraum

Ein Merkmalssatz mit maximaler *Objekttrennung* bei konstant gehaltener Intraklassenstreuung wird gefunden (Abb. 4.3b), wenn folgendes *Gütekriterium* verwendet wird:

$$E\left[\left(\boldsymbol{x} - \sum_{i=1}^{r'} (\boldsymbol{x}^\mathsf{T} \boldsymbol{w}_i)\, \boldsymbol{w}_i\right)^2\right] \to \min, \quad r' = 1, \ldots, r. \tag{4.4}$$

Dabei gelten die Nebenbedingungen

$$\begin{aligned} &E[\boldsymbol{x}] = \boldsymbol{0}, \\ &E[(\boldsymbol{\xi}^\mathsf{T} \boldsymbol{w}_{r'})\, (\boldsymbol{\xi}^\mathsf{T} \boldsymbol{w}_i) - \delta_{r'i}] = 0, \\ &i \leqq r'; \quad r' = 1, \ldots, r, \end{aligned} \tag{4.5}$$

und es werden die folgenden Beziehungen verwendet:
$\boldsymbol{x}_k$ — Objekt der k-ten Klasse, $\boldsymbol{\xi} = \boldsymbol{x}_k - E[\boldsymbol{x}_k]$ — Differenzvektor (Abhängigkeit von k wird nicht beachtet). Die $\{\boldsymbol{w}_j\}$, $j = 1, \ldots, r' - 1$, werden als gegeben angenommen. Dies ist ein relativ kompliziertes Kriterium, das bei der Ableitung der Lernalgorithmen auf umfangreiche Verstellgleichungen führt. Der Einfachheit halber sei der Fall $r = 1$ betrachtet. Das Gütekriterium lautet dann:

$$\begin{aligned} &J(\boldsymbol{w}_1) = E[(\boldsymbol{x} - (\boldsymbol{x}^\mathsf{T} \boldsymbol{w}_1)\, \boldsymbol{w}_1]^2] \to \min, \\ &G(\boldsymbol{w}_1) = E[(\boldsymbol{\xi}^\mathsf{T} \boldsymbol{w}_1)^2] - \text{const} = 0, \\ &E(\boldsymbol{x}) = \boldsymbol{0}, \\ &|\boldsymbol{w}_1|^2 - 1 = 0. \end{aligned}$$

Mit Hilfe der Methoden der *stochastischen Approximation* ergibt sich als Lernalgorithmus

$$\begin{aligned} \boldsymbol{w}_1 &:= \boldsymbol{w}_1 - \gamma_0 \nabla_{w_1} \{(\boldsymbol{x} - (\boldsymbol{x}^\mathsf{T} \boldsymbol{w}_1)\, \boldsymbol{w}_1)^2\} \\ &\quad - \lambda_1 \gamma_0 \nabla_{w_1} \{(\boldsymbol{\xi}^\mathsf{T} \boldsymbol{w}_1)^2\} - \gamma_0 \lambda_2 \boldsymbol{w}_1, \\ \lambda_1 &:= \lambda_1 + \gamma_1 \{(\boldsymbol{\xi}^\mathsf{T} \boldsymbol{w}_1)^2 - \text{const}\}, \\ \lambda_2 &:= \lambda_2 + \gamma_1 \{|\boldsymbol{w}_1|^2 - 1\}. \end{aligned} \tag{4.6}$$

Der explizite Ausdruck für Gl. (4.6) lautet

$$\begin{aligned} \boldsymbol{w}_1 &:= \boldsymbol{w}_1 \{1 - \gamma_0 (\boldsymbol{x}^\mathsf{T} \boldsymbol{w}_1)^2 - \lambda_2 \gamma_0\} + \gamma_0 (\boldsymbol{x}^\mathsf{T} \boldsymbol{w}_1) \\ &\quad - \lambda_1 \gamma_0 \boldsymbol{\xi} (\boldsymbol{\xi}^\mathsf{T} \boldsymbol{w}_1). \end{aligned} \tag{4.7}$$

Die Verstellparameter genügen den Bedingungen der stochastischen Approximation (Gl. (3.21))

$$\sum_{t=1}^{\infty} \gamma_i(t) = \infty; \qquad \sum_{t=1}^{\infty} \gamma_i^2(t) < \infty; \qquad i = 0, 1. \tag{4.8}$$

Für praktische Fälle empfiehlt sich eine Abschätzung der oberen Schranke für die Anfangsschrittweite. Je größer die Schrittweite, um so rascher gelangt der Algorithmus in Zielnähe. Andererseits können Konvergenzschwierigkeiten dadurch auftreten, daß die Dämpfungsterme $-\gamma_0(\boldsymbol{x}^\mathsf{T}\boldsymbol{w}_1)^2$ und $-\lambda_2\gamma_0$ den durch die Hauptglieder $\gamma_0\boldsymbol{x}(\boldsymbol{x}^\mathsf{T}\boldsymbol{w}_1)$ und $-\lambda_1\gamma_0\boldsymbol{\xi}(\boldsymbol{\xi}^\mathsf{T}\boldsymbol{w}_1)$ bewirkten Zuwachs nicht kompensieren können.

Die Nebenbedingungen in (4.5), nach der die Objektvektoren auf Mittelwert Null normiert sein müssen, ist oft einschneidend. Sie kann fallengelassen werden, wenn der Lernalgorithmus modifiziert wird. Es wird die Normierungsvariable b_1 eingeführt, und (4.7) geht über in

$$\begin{aligned} \boldsymbol{w}_1 &:= \boldsymbol{w}_1 \{1 - \gamma_0 ((\boldsymbol{x}^\mathsf{T} \boldsymbol{w}_1) - b_1)^2 - \lambda_2 \gamma_0\} \\ &\quad + \gamma_0 \boldsymbol{x} (\boldsymbol{x}^\mathsf{T} \boldsymbol{w}_1 - b_1) - \lambda_1 \gamma_0 (\boldsymbol{\xi}^\mathsf{T} \boldsymbol{w}_1). \end{aligned} \tag{4.9}$$

b_1 folgt dem Verstellalgorithmus

$$b_1 := b_1 + \gamma_2 (\boldsymbol{x}^\mathsf{T} \boldsymbol{w}_1 - b_1). \tag{4.10}$$

Sollen mehrere Vektoren $\boldsymbol{w}_i$ ermittelt werden, so ist wie folgt vorzugehen. Beim r'-ten Vektor werden die $r' - 1$ vorhergehenden

Vektoren als bekannt vorausgesetzt und das Gütekriterium nach $w_{r'}$ abgeleitet.

Für eine praktische Aufgabe der *Schriftzeichenerkennung* wurde ein fünfdimensionaler Merkmalsraum mit den Basisvektoren w_i, $i = 1, \ldots, 5$, berechnet. Die Lernmenge bestand aus je 50 Objekten der 10 Ziffern in maschinegeschriebener Form. In Abb. 4.4 ist die Lage der Klassen jeweils in einem zweidimensionalen Merkmalsraum dargestellt, und zwar für eine Stichprobe von

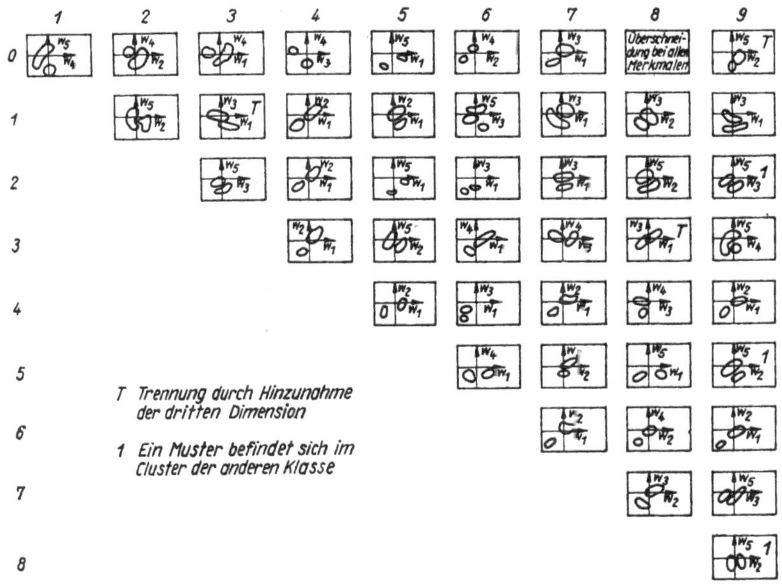

Abb. 4.4. Paarweise Trennung von Ziffernklassen in Merkmalsunterräumen

90 Objekten pro Klasse, die die Lernmenge enthielt. Bis auf das Paar 0···8 ergibt sich eine gute Trennung der Klassen. Der verwendete Lernalgorithmus ermittelt die Eigenvektoren der Diskriminanzanalyse (2.19) unter Umgehung der Lösung des Eigenwertproblems auf der Grundlage von Matrizengleichungen.

Analog zu der Ermittlung von Eigenvektoren vektorförmiger Objektdarstellungen kann man das Problem stellen, Merkmale aus matrixförmigen Objektdarstellungen zu extrahieren. Diese

Aufgabe ist lösbar, und der interessierte Leser sei auf die Literatur [Fritzsch (1976b)] verwiesen.

Stellt man die hier beschriebenen Verfahren der Merkmalsauswahl und Merkmalextraktion gegenüber, so lassen sich folgende verallgemeinerungsfähigen Hinweise ableiten.

Falls A-priori-Informationen so verfügbar sind oder falls die Objektdarstellung so gewählt ist, daß intuitiv Merkmale aus der Primärdarstellung entnommen werden können und die Dimensionalität damit reduziert werden kann, ist zunächst zu prüfen, inwieweit Verfahren der Merkmalsauswahl eingesetzt werden können.

Merkmalstransformationen sind rechenintensiv. Sie sind dann einzusetzen, wenn zur Reduktion der Dimensionalität der Primärdarstellung keine begründeten Vorschriften vorhanden sind; z. B. bei der Erkennung von Handschriftzeichen hat sich der Einsatz lernfähiger Merkmaltransformationsverfahren als vorteilhaft erwiesen (s. Abschn. 5.1.2.).

4.2. *Klassifikation*

Gegenstand der *Klassifikation* ist die Zuordnung von *Objekten* anhand ihrer Merkmale zu bestimmten Kategorien bzw. Klassen. Charakteristisch für ein breites Spektrum von Erkennungsaufgaben (Schriftzeichenerkennung, Auswertung von Multispektralaufnahmen der Erdoberfläche, Teileerkennung für Industrieroboter) ist, daß einerseits die Objekte einer Klasse differierende und andererseits Objekte unterschiedlicher Bedeutung auch sehr ähnliche Merkmalswerte besitzen. Störungen bei der Bildaufnahme können die Merkmale verfälschen. So ist die Klassenentscheidung anhand von Merkmalen immer eine Wahrscheinlichkeitsaussage.

In diesem Abschnitt werden nach der Einführung des optimalen Klassifikators — optimal in bezug auf ein Entscheidungsrisiko mit Kosten für Fehlklassifikationen und Rückweisungen — *lernfähige Klassifikatoren* für parametrische und nichtparametrische Verteilungen behandelt.

Ist die zugrundeliegende parametrische Verteilung bekannt, so können Schätzwerte für die Parameter aus der Stichprobe ermittelt werden. Neu hinzukommende Objekte werden für die Verbesserung der Schätzung verwendet. Insbesondere besteht auch die Möglichkeit, bei A-priori-Kenntnissen über die Parameterwerte grobe Schätzwerte vorzugeben und mit jedem neuen

Objekt die Schätzwerte zu korrigieren (BAYES-*Lernen*). Verfahren dieser Art werden im Abschnitt 4.2.2. am Beispiel der Normalverteilung diskutiert. Der Abschnitt 4.2.3. behandelt die direkte Unterteilung des Merkmalsraumes in Klassen- und Rückweisungsgebiete mittels Hyperflächen, die mit den in Kapitel 3 dargestellten Lernalgorithmen aus der Stichprobe ermittelt werden.

4.2.1. *Optimaler Klassifikator*

In der statistischen Entscheidungstheorie wird der *optimale Klassifikator* folgendermaßen definiert. Die A-posteriori-Wahrscheinlichkeit (die aus dem *Merkmalsvektor* $\boldsymbol{x}$ für das Vorliegen der Klasse k gefolgerte Wahrscheinlichkeit) sei $P(k/\boldsymbol{x})$. Die Zuordnung zur Klasse j bei Vorliegen der Klasse k verursacht die Kosten $c(j/k)$. Dann ist das mit der Entscheidung für die Klasse j verbundene Risiko bei Vorhandensein von K Klassen

$$R(j/\boldsymbol{x}) = \sum_{k=1}^{K} c(j/k)\, P(k/\boldsymbol{x}) \quad j = 1, 2, \ldots, K. \tag{4.11}$$

Die Entscheidung ist nun so zu treffen, daß das Risiko minimal wird. Für den Kostenansatz

$$c(j, k) = \begin{cases} 0 \text{ für } j = k \\ 1 \text{ für } j \neq k \end{cases} \tag{4.12}$$

folgt aus (4.11) die Entscheidungsregel:

$$\text{Wenn} \quad P(j/\boldsymbol{x}) = \max_k P(k/\boldsymbol{x}), \quad \text{so } \boldsymbol{x} \in \text{Klasse } j. \tag{4.13}$$

Bei gleichen Kosten für die Fehlzuordnung zu den einzelnen Klassen wird das Objekt mit dem Merkmalsvektor $\boldsymbol{x}$ der Klasse mit der höchsten A-posteriori-Wahrscheinlichkeit zugeordnet.

Die Einbeziehung der *Rückweisungsentscheidung* in das Risiko, d. h. die Ergänzung der K Klassen durch eine Rückweisungsklasse r, liefert für den Kostenansatz

$$c(j/k) = \begin{cases} 0 \text{ für } j = k & \text{(richtige Zuordnung)}, \\ c_r \text{ für } j = r & \text{(Rückweisung)}, \\ c_f \text{ für } j \neq k, r & \text{(Fehlklassifikation)} \end{cases}$$

als optimale *Entscheidungsregel* [MEYER-BRÖTZ, SCHÜRMANN

(1970)]:

$$\text{Wenn } P(j/\boldsymbol{x}) = \max_k P(k/\boldsymbol{x})$$

und gleichzeitig (4.14)

$$P(j/\boldsymbol{x}) \geqq 1 - \frac{c_r}{c_f}, \qquad \text{so } \boldsymbol{x} \in \text{Klasse } j,$$

ansonsten Rückweisung.

Eine sehr plausible Entscheidungsregel: Entschieden wird für die Klasse mit der höchsten A-posteriori-Wahrscheinlichkeit, wobei für die Akzeptierung dieser Entscheidung die A-posteriori-Wahrscheinlichkeit oberhalb einer durch das *Kostenverhältnis* $c_r/c_f \leqq 1$ bestimmten Rückweisungsschwelle liegen muß. Der Entscheidungsregel (4.15) entspricht eine Unterteilung des Merkmalsraumes in Klassen und *Rückweisungsgebiete* (Abb. 4.5).

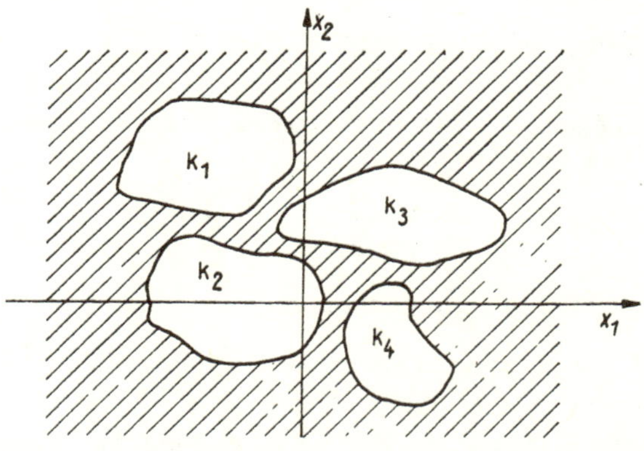

Abb. 4.5. Unterteilung des Merkmalsraums in Klassengebiete und Rückweisungsgebiet

Wegen

$$0 \leqq P \leqq 1 \quad \text{und} \quad \max_k P(k/\boldsymbol{x}) \geqq 1/K$$

können *Rückweisungen* überhaupt nur für $c_r/c_f < (K-1)/K$ auftreten, z. B. im Falle zweier Klassen für $0 \leqq c_r/c_f < 0{,}5$. Für „billige" Rückweisungen und „teure" Fehlklassifikationen nähert sich die Rückweisungsschwelle 1, d. h., fast alle Objekte werden rückgewiesen. Abb. 4.6 zeigt die prinzipielle Beziehung zwischen der Fehlklassifikations- und Rückweisungsrate in Abhängigkeit vom Kostenverhältnis c_r/c_f für 2 Klassen.

Die A-posteriori-Wahrscheinlichkeit $P(k/\boldsymbol{x})$ kann aus der Stichprobe $\mathfrak{X}$ mittels der A-priori-Wahrscheinlichkeit $P(k)$ der Klasse k und der Verteilungsdichte $p(\boldsymbol{x}/k)$ für die Merkmalsvektoren $\boldsymbol{x}$ der Klasse k im Merkmalsraum über die BAYES-Beziehung

$$P(k/\boldsymbol{x}) = \frac{p(\boldsymbol{x}/k)\,P(k)}{p(\boldsymbol{x})} \tag{4.15}$$

$$\text{mit} \quad p(\boldsymbol{x}) = \sum_{k=1}^{K} p(\boldsymbol{x}/k)\,P(k)$$

bestimmt werden.

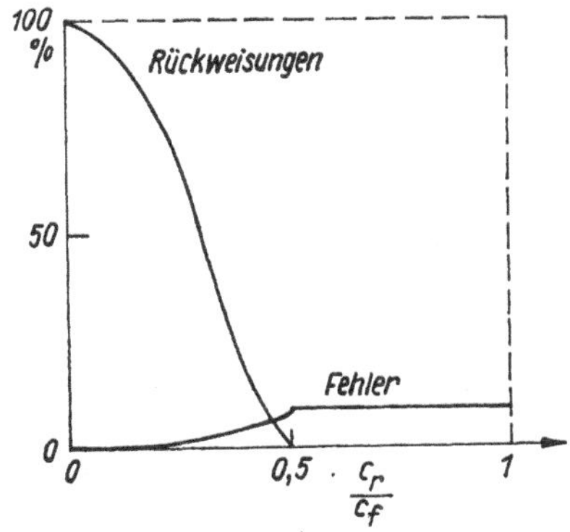

Abb. 4.6. Prinzipielle Abhängigkeit der Fehler- und Rückweisungsrate von c_r/c_f für 2 Klassen

Die Entscheidungsregel (4.14) läßt sich mit der BAYES-Beziehung (4.15) in folgender Form darstellen:

Wenn $p(\boldsymbol{x}/j)\,P(j) = \max\limits_{k} p(\boldsymbol{x}/k)\,P(k)$

und gleichzeitig

$$p(\boldsymbol{x}/j)\,P(j) \geqq \left(1 - \frac{c_r}{c_f}\right) \sum_{k=1}^{K} p(\boldsymbol{x}/k)\,P(k), \tag{4.16}$$

so $\boldsymbol{x} \in$ Klasse j,

ansonsten Rückweisung.

Das eigentliche Problem für die Konstruktion des optimalen Klassifikators ist die Ermittlung der $p(\boldsymbol{x}/k)$ aus der Stichprobe.

4.2.2. *Lernfähige Klassifikatoren bei parametrischen Verteilungen*

4.2.2.1. *Normalverteilungen $NV(\mu, \Sigma)$*

Vorausgesetzt, daß die Verteilungsdichte $p(\boldsymbol{x}/k)$ durch eine parametrische Verteilung beschrieben werden kann, so können die Parameterwerte der Verteilung aus der Stichprobe $\mathscr{X}_k$ geschätzt werden. In diesem Abschnitt wird auf die Kennzeichnung der Zugehörigkeit der Verteilungsdichte zur Klasse k verzichtet und unter der Stichprobe $\mathscr{X}$ wird jeweils der zur Klasse k gehörige Anteil $\mathscr{X}_k$ verstanden. Im Falle der mehrdimensionalen Normalverteilung gilt

$$p(\boldsymbol{x}) = \frac{1}{(2\pi)^{n/2}\,|\boldsymbol{\Sigma}|^{1/2}} \exp\left[-\frac{1}{2}(\boldsymbol{x} - \boldsymbol{\mu})^{\mathrm{T}}\boldsymbol{\Sigma}^{-1}(\boldsymbol{x} - \boldsymbol{\mu})\right],$$

wobei $\boldsymbol{x}$ der Merkmalsvektor der Dimension n, $\boldsymbol{\mu}$ der Mittelwertvektor, $\boldsymbol{\Sigma}$ die Kovarianzmatrix, $\boldsymbol{\Sigma}^{-1}$ die inverse Kovarianzmatrix und $|\boldsymbol{\Sigma}|$ die Determinante der Kovarianzmatrix sind. Der Mittelwertvektor $\boldsymbol{\mu} = E[\boldsymbol{x}]$ hat die Komponenten $\mu_i = E[x_i]$ und die Kovarianzmatrix $\boldsymbol{\Sigma} = E[(\boldsymbol{x} - \boldsymbol{\mu})(\boldsymbol{x} - \boldsymbol{\mu})^{\mathrm{T}}]$ hat die Komponenten $\sigma_{ij} = E[(x_i - \mu_i)(x_j - \mu_j)]$.
Die Kovarianzmatrix ist symmetrisch und positiv definit (Entartung sei ausgeschlossen), d. h., die Punkte konstanter Dichte

$$(\boldsymbol{x} - \boldsymbol{\mu})^{\mathrm{T}}\,\boldsymbol{\Sigma}^{-1}(\boldsymbol{x} - \boldsymbol{\mu}) = \text{konst.}$$

beschreiben ein Hyperellipsoid.

Für die Dimension 2 und Koordinatenachsen parallel zu den Hauptachsen des Ellipsoides ist

$$p(\boldsymbol{x}) = \frac{1}{2\pi\sigma_1\sigma_2} \exp\left[-\frac{1}{2}\left(\left(\frac{x_1 - \mu_1}{\sigma_1}\right)^2 + \left(\frac{x_2 - \mu_2}{\sigma_2}\right)^2\right)\right].$$

Flächen konstanter Wahrscheinlichkeitsdichte zeigt Abb. 4.7.

4.2.2.2. *Rekursionsgleichungen zu $NV(\mu, \Sigma)$*

Die *Schätzwerte* der Parameter $\boldsymbol{\mu}$ und $\boldsymbol{\Sigma}$ sind selbst Zufallsvariable mit bestimmter Verteilungsdichte. Unterschiedliche Stichproben können unterschiedliche Schätzwerte ergeben. Bei einer eindimensionalen Normalverteilung $NV(\mu, \sigma)$ mit dem Mittelwert μ und der Streuung σ gehört zu dem Schätzwert m aus

N Stichprobenelementen $x_1, \ldots, x_N$

$$m = \frac{1}{N} \sum_{i=1}^{N} x_i \quad \text{die Verteilungsdichte}$$

$$p(m) = \frac{\sqrt{N}}{\sqrt{2\pi}\,\sigma} \exp\left[-\frac{1}{2}(m-\mu)\frac{N}{\sigma^2}\right].$$

Der Schätzwert m für den Mittelwert μ ist normalverteilt mit dem Mittelwert μ und der Streuung $\sigma/\sqrt{N}$. Für große Werte von N wird der Schätzwert m praktisch gleich μ.

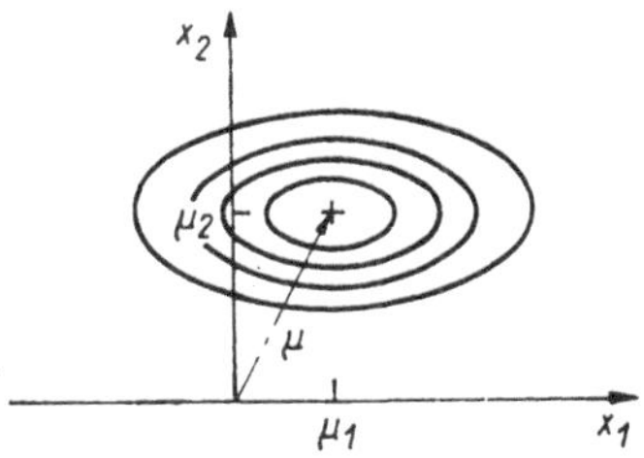

Abb. 4.7. Flächen konstanter Wahrscheinlichkeitsdichte ($\sigma_1 > \sigma_2$)

Für die Erhöhung der Leistungsfähigkeit des Klassifikators ist also eine verbesserte Schätzung mit wachsender Stichprobe wünschenswert. Ein entsprechender Lernalgorithmus für mehrdimensionale Normalverteilungen ergibt sich einfach aus den Rekursionsgleichungen für die Berechnung von Mittelwert (Gl. (3.1)) und Streuung:

$$\boldsymbol{\mu}_N = \frac{N-1}{N} \boldsymbol{\mu}_{N-1} + \frac{1}{N} \boldsymbol{x}_N, \tag{4.17}$$

$$\boldsymbol{\Sigma}_N = \frac{N-1}{N} \boldsymbol{\Sigma}_{N-1} + \frac{N-1}{N^2} (\boldsymbol{x}_N - \boldsymbol{\mu}_{N-1})(\boldsymbol{x}_N - \boldsymbol{\mu}_{N-1})^{\mathrm{T}}.$$

So kann jedes neue Objekt $\boldsymbol{x}_N$ zur Verbesserung der vorliegenden Schätzung $\boldsymbol{\mu}_{N-1}$ und $\boldsymbol{\Sigma}_{N-1}$ verwendet werden.

Wird mit einer kleinen Konstruktionsstichprobe begonnen, so kann ein nicht klassifizierter Datensatz mit einem Kostenverhältnis $\frac{c_r}{c_f} \ll 1$ klassifiziert werden — wodurch Fehlklassifikationen nahezu ausgeschlossen sind — und anschließend die klassifizierten Daten zur Verbesserung der Schätzung verwendet werden [SCHÜRMANN (1979)]. Dieser Vorgang wird auch als entscheidungsüberwachtes Lernen bezeichnet [NIEMANN (1974)].

4.2.2.3. *A-priori-Kenntnis zu* $N(\mu, \Sigma)$

Auch A-priori-Kenntnisse über die Verteilung können in die Belehrung einbezogen werden. Betrachten wir zunächst den Fall einer eindimensionalen Normalverteilung

$$p(x) = \frac{1}{\sqrt{2\pi}\,\sigma} \exp\left[-\frac{1}{2}\left(\frac{x-\mu}{\sigma^2}\right)\right], \tag{4.18}$$

wobei die Varianz σ^2 bekannt ist und der Mittelwert μ zu bestimmen ist. Die Wahrscheinlichkeitsdichte $p(\mu)$ beschreiben wir durch die A-priori-Dichte

$$p(\mu) = \frac{1}{\sqrt{2\pi}\,\sigma_0} \exp\left[-\frac{1}{2}\left(\frac{\mu-\mu_0}{\sigma_0}\right)^2\right], \tag{4.19}$$

wobei μ_0 entsprechend unserer A-priori-Kenntnis über den zu erwartenden Mittelwert μ und σ_0^2 entsprechend der Ungewißheit unserer Kenntnis gewählt wird. Die Stichprobe $\mathcal{X}$ wird nun dazu verwendet, die angenommene Verteilungsdichte $p(\mu)$ gemäß

$$p(\mu/\mathcal{X}) = \frac{p(\mathcal{X}/\mu)\; p(\mu)}{p(\mathcal{X})}$$

zu korrigieren und für die Schätzung der Verteilungsdichte

$$p(x/\mathcal{X}) = \int p(x/\mu)\, p(\mu/\mathcal{X})\, \mathrm{d}\mu$$

zu verwenden. (Ist $p(\mu/\mathcal{X})$ eine nadelförmige Verteilung mit der Spitze an der Stelle $\hat{\mu}$, so gilt $p(x/\mathcal{X}) \approx p(x/\hat{\mu})$).

Mit dem ersten Objekt x_1 der Stichprobe $\mathcal{X}$ wird die A-priori-Verteilungsdichte $p(\mu)$ in die A-posteriori-Verteilungsdichte

$$p(\mu/x_1) = \frac{p(x_1/\mu)\, p(\mu)}{p(x_1)} \tag{4.20}$$

überführt. Als stochastische Variable kann ein Objekt x_i der Stichprobe $\mathcal{X}$ durch

$$x_i = \mu + n_i$$

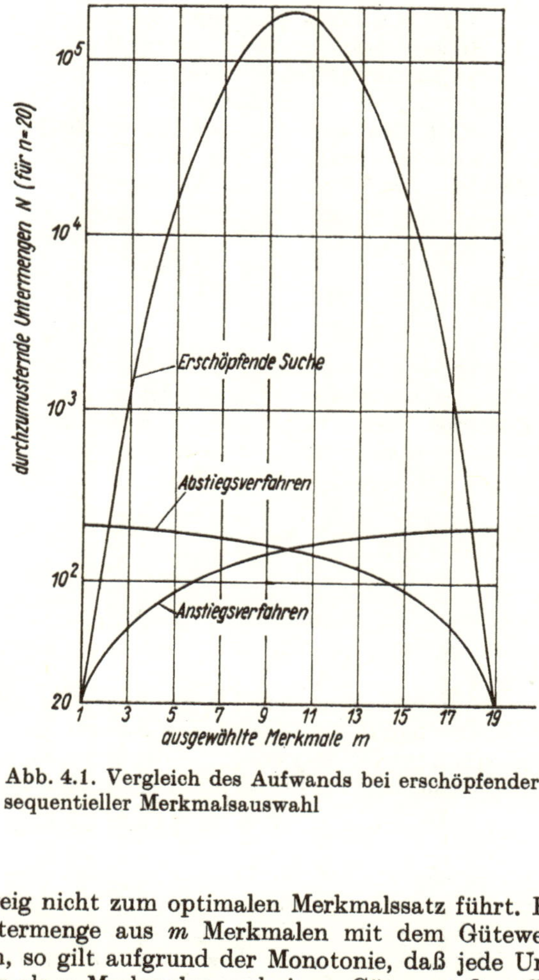

$$\text{und gleichzeitig} \tag{4.14}$$

beschrieben werden, wobei n_i eine Störung mit dem Mittelwert 0 und der Streuung σ ist. Da nun der Mittelwert μ selbst eine Zufallsvariable mit dem Mittelwert μ_0 und der Streuung σ_0 ist, ergibt sich für die Summe der Zufallsvariablen eine Normalverteilung mit dem Mittelwert μ_0 und der Varianz $\sigma^2 + \sigma_0^2$. Somit ist

$$p(x_1) = \frac{1}{\sqrt{2\pi\,(\sigma^2 + \sigma_0^2)}} \exp\left[-\frac{1}{2}\,\frac{(x_1 - \mu_0)^2}{\sigma^2 + \sigma_0^2}\right]. \tag{4.21}$$

Mit den Gln. (4.18), (4.19) und (4.21) ergibt sich für (4.20) die Beziehung

$$p(\mu/x_1) = \frac{\sqrt{\sigma_0^2 + \sigma^2}}{\sqrt{2\pi}\,\sigma_0\sigma} \exp\left[-\frac{1}{2}\left(\left(\frac{x_1 - \mu}{\sigma}\right)^2 + \left(\frac{\mu - \mu_0}{\sigma_0}\right)^2 - \frac{(x_1 - \mu_0)^2}{\sigma^2 + \sigma_0^2}\right)\right].$$

Das ist eine Normalverteilung

$$p(\mu/x_1) = \frac{1}{\sqrt{2\pi}\,\sigma_1} \exp\left[-\frac{1}{2}\left(\frac{\mu - \mu_1}{\sigma_1}\right)^2\right]$$

mit $$\mu_1 = \frac{\sigma^2\mu_0 + \sigma_0^2 x_1}{\sigma_0^2 + \sigma^2} \quad \text{und} \quad \sigma_1^2 = \frac{\sigma_0^2\sigma^2}{\sigma_0^2 + \sigma^2}.$$

Nach dem ersten Objekt sind μ_0 und σ_0 in (4.19) durch μ_1 und σ_1 zu ersetzen, usw. Nach dem N-ten Objekt ergibt sich

$$p(\mu/\mathscr{X}) = \frac{1}{\sqrt{2\pi}\,\sigma_N} \exp\left[-\frac{1}{2}\left(\frac{\mu - \mu_N}{\sigma_N}\right)^2\right]$$

mit $$\mu_N = \frac{\sigma^2}{N\sigma_0^2 + \sigma^2}\,\mu_0 + \frac{N\sigma_0^2}{N\sigma_0^2 + \sigma^2}\,m_N$$

und $$\sigma_N^2 = \frac{\sigma_0^2\sigma^2}{N\sigma_0^2 + \sigma^2} \quad \text{sowie} \quad m_N = \frac{1}{N}\sum_{i=1}^{N} x_i.$$

Für $N \to \infty$ konvergiert $\sigma_N \to 0$ (unabhängig von der Wahl von σ_0) und μ_N gegen den Mittelwert der Stichprobe. Für die Wahl $\sigma_0 \gg \sigma$ (große Ungewißheit über μ) ergibt sich μ_N im wesentlichen als Mittelwert der Stichprobe, während bei der Wahl $\sigma_0 \ll \sigma$ μ_N wesentlich durch μ_0 bestimmt wird. Abb. 4.8 veranschaulicht den Vorgang. Die Vorgehensweise — hier auf Normalverteilungen bezogen — wird auch als BAYES-Lernen bezeichnet [FUKUNAGA (1972), DUDA und HART (1973), NIEMANN (1974)].

Analoge Beziehungen ergeben sich für die multivariate Normalverteilung

$$p(\boldsymbol{x}/\mathscr{X}) \sim NV(\boldsymbol{\mu}_N, \boldsymbol{\Sigma} + \boldsymbol{\Sigma}_N)$$

mit $$\boldsymbol{\mu}_N = \frac{1}{N}\boldsymbol{\Sigma}\left(\boldsymbol{\Sigma} + \frac{1}{N}\boldsymbol{\Sigma}\right)^{-1}\boldsymbol{\mu}_0 + \boldsymbol{\Sigma}_0\left(\boldsymbol{\Sigma}_0 + \frac{1}{N}\boldsymbol{\Sigma}_0\right)^{-1}\boldsymbol{m}_N$$

und $$\boldsymbol{\Sigma}_N = \boldsymbol{\Sigma}_0\left(\boldsymbol{\Sigma}_0 + \frac{1}{N}\boldsymbol{\Sigma}\right)^{-1}\frac{1}{N}\boldsymbol{\Sigma} \quad \text{sowie} \quad \boldsymbol{m}_N = \frac{1}{N}\sum_{i=1}^{N}\boldsymbol{x}_i.$$

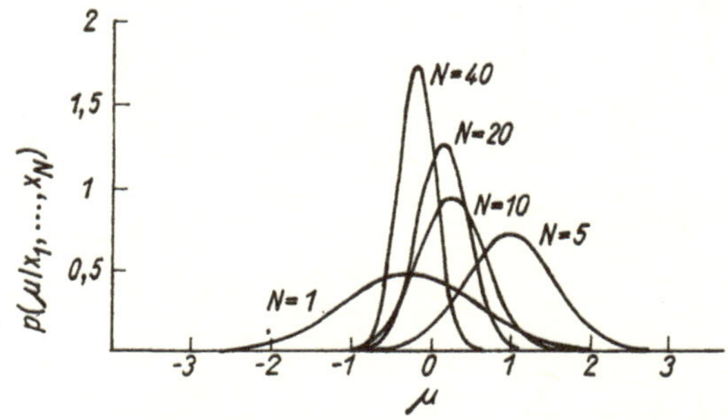

Abb. 4.8. Erlernen des Mittelwerts einer Normalverteilung

Wie bei den Rekursionsbeziehungen (4.17) bleibt auch hier die Struktur des Klassifikators während des Lernprozesses erhalten, da sich lediglich Mittelwertvektor und Kovarianzmatrix verändern.

4.2.3. *Lernfähige Klassifikatoren auf der Basis von Hyperflächen*

Die Entscheidungsregel des optimalen Klassifikators erfordert die Kenntnis der *Verteilungsdichten* $p(\boldsymbol{x}/k)$ und *A-priori-Wahrscheinlichkeiten* $P(k)$ für jede Klasse k. Ist die Annahme parametrischer Verteilungen begründet, so ist $p(\boldsymbol{x}/k)$ durch eine Funktion für den gesamten Merkmalsraum definiert. In der Praxis sind parametrische Verteilungen jedoch die Ausnahme. Für die Approximation von Verteilungsdichten gibt es zahlreiche Methoden [DUDA und HART (1973), NIEMANN (1974), FUKUNAGA (1972), MEISEL (1972), YOUNG und CALVERT (1974)], die im allgemeinen keine einfachen Klassifikatorstrukturen mehr liefern.

Eine praktikable Alternative ist die direkte Unterteilung des Merkmalsraums in Klassen- und Rückweisungsgebiete mittels Hyperflächen, die unter Anwendung von Lernverfahren bestimmt werden, wie wir es für Zweiklassenprobleme im Kapitel 3 bereits kennengelernt haben.

4.2.3.1. *Zweiklassenprobleme*

Abb. 4.9 zeigt die in Kap. 3 betrachteten Möglichkeiten der *Zweiklassentrennung* mittels Hyperebenen. Die zugehörige Klassifikatorstruktur ist in Abb. 4.10 dargestellt. Objekte innerhalb

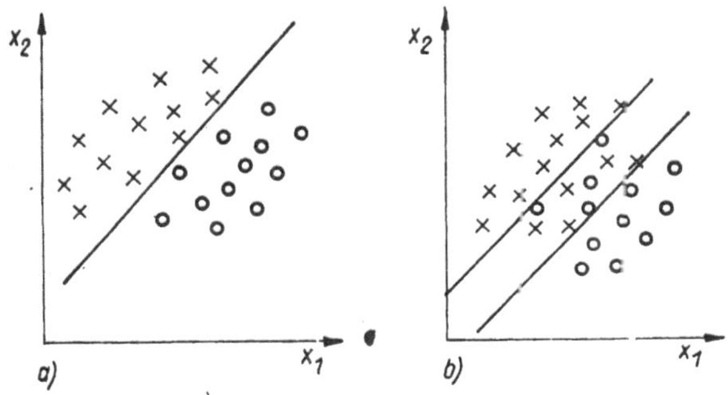

Abb. 4.9a. Trennung linear separierbarer Klassen mit einer Trennebene
Abb. 4.9b. Durch zwei Trennebenen begrenzte Rückweisungszone zur Trennung linear nicht separierbarer Klassen

der Zone von Abb. 4.9b werden durch die beiden Schwellenentscheidungen im Klassifikator rückgewiesen (RW). Wird wie in Abb. 4.9a ohne Rückweisungen klassifiziert, so ist im Klassifikator $\delta = 0$.

Hyperflächen höherer Ordnung bieten bessere Möglichkeiten zur Trennung linear nicht separierbarer Klassen (Abb. 4.11). Jedoch steigt der Aufwand für den Klassifikator erheblich. Für eine quadratische Fläche werden bereits

1 Komponente für das konstante Glied,
n Komponenten für die linearen Glieder x_i,
n Komponenten für die quadratischen Glieder x_i^2 und
$n(n-1)/2$ Komponenten für die gemischten Glieder $x_i x_j$

benötigt. Wird der Merkmalsraum auf die Dimension $(n^2/2 + 3n/2)$ erweitert, indem die quadratischen und gemischten Glieder als weitere Merkmale eingeführt werden, so wird durch den Gewichtsvektor $\boldsymbol{w}^\mathsf{T} = (\boldsymbol{w}^{*\mathsf{T}}, w_{n+1})$ in dem erweiterten Raum wieder eine

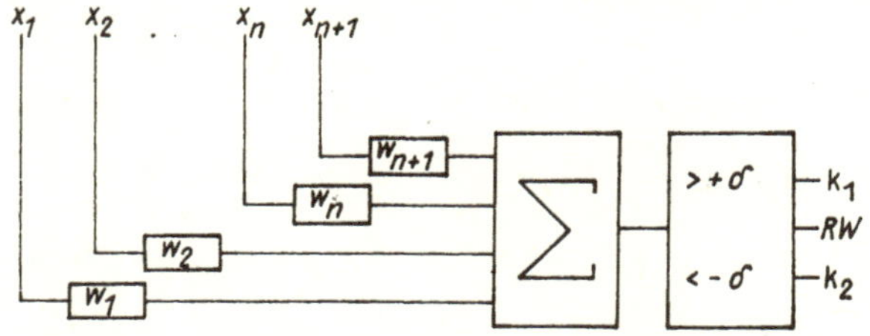

Abb. 4.10. Schwellenwertelement mit zwei Schwellen $\pm\delta$

Hyperebene mit der Normalenrichtung $\boldsymbol{n} = \boldsymbol{w}^*/|\boldsymbol{w}^*|$ und dem Abstand $a = -w_{n+1}/|\boldsymbol{w}^*|$ vom Koordinatenursprung beschrieben, und die in Kap. 3 behandelten Algorithmen zur iterativen Anpassung von Hyperebenen, Totzone oder Rückweisungszone können angewendet werden. Liegt in dem erweiterten Merkmalsraum ebenfalls ein linear nicht separierbares Zweiklassenproblem vor,

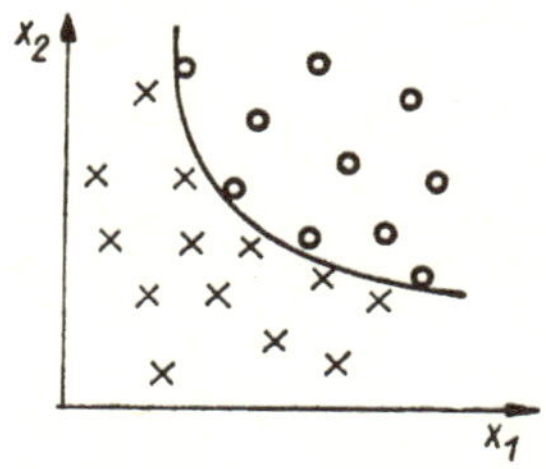

Abb. 4.11. Trennung nichtlinear separierbarer Klassen durch eine Hyperfläche 2. Grades

so liefert der Fehlerkorrekturalgorithmus für die Konstruktion einer Trennfläche auch jetzt keine fehlerfreie Lösung für die Stichprobe. Wird jetzt der Algorithmus zur Anpassung einer Rückweisungszone angewendet, so ist jedoch eine geringere Anzahl von Objekten der Stichprobe in der Rückweisungszone als bei dem linearen Ansatz zu erwarten.

Ohne die Dimension des Merkmalsraums zu erhöhen, können bei linear nicht separierbaren Klassen stückweise lineare *Entschei-*

dungsflächen zur Unterteilung verwendet werden. Speziell in solchen Fällen, wo die Kompaktheitshypothese für die Klassen nicht gilt und die Klassen zweckmäßig durch mehrere Unterklassen darzustellen sind, z. B. mittels Clusterverfahren in Abschnitt 4.3., können stückweise lineare Entscheidungsflächen erfolgreich eingesetzt werden [UNGER und WYSOTZKI (1981), SKLANSKY und WASSEL (1981)]. Abb. 4.12 zeigt die prinzipielle Vorgehensweise. In diesem Beispiel werden zuerst die beiden Cluster der Klasse $k_2(\times)$ ermittelt und dann jeder der beiden Cluster durch eine Trennebene von der Klasse $k_1(\circ)$ separiert.

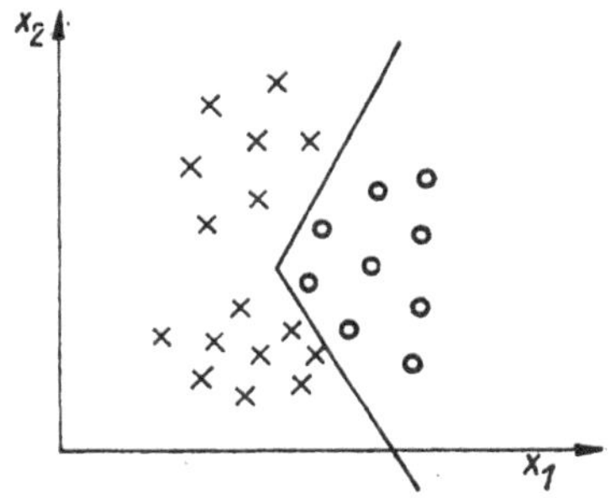

Abb. 4.12. Stückweise lineare Klassentrennung

4.2.3.2. Mehrklassenprobleme

Die Vorgehensweise bei 2 Klassen kann auf $K > 2$ Klassen übertragen werden. Ein leistungsfähiges — aber aufwendiges — Verfahren ist die Rückführung eines K-Klassenproblems auf $K(K - 1)/2$ Zweiklassenprobleme. Beispielsweise wird für 3 Klassen für jedes Klassenpaar $i/j = 1/2, 1/3, 2/3$ die Diskriminanzfunktion $d_{i/j} = \boldsymbol{w}_{ij}^{\mathrm{T}}\boldsymbol{x}$ ermittelt ($\boldsymbol{w}$ und $\boldsymbol{x}$ erweiterte Vektoren). Abb. 4.13 zeigt 3 Klassen und 3 geeignete Hyperebenen für die Trennung. Die Entscheidungsregel lautet

d ↓ $k \rightarrow$	1	2	3
1/2	+	−	
1/3	−		+
2/3		+	−

(4.22)

Zum Beispiel wird x der Klasse 2 zugeordnet, wenn $d_{1/2} < 0$ und $d_{2/3} \geqq 0$ sind. Der Wert von $d_{1/3}$ ist für die Zuordnung zur Klasse 2 bedeutungslos, da $d_{1/3}$ keinen Index 2 besitzt. Objekte in dem gestrichelten Gebiet werden rückgewiesen.

Anstelle einer *Hyperfläche* zwischen zwei Klassen können auch *Totzonen* bei linearer Separierbarkeit oder Rückweisungszonen im linear nicht separierbaren Fall mit den entsprechenden Lernverfahren angepaßt werden. In der Entscheidungsregel (4.22)

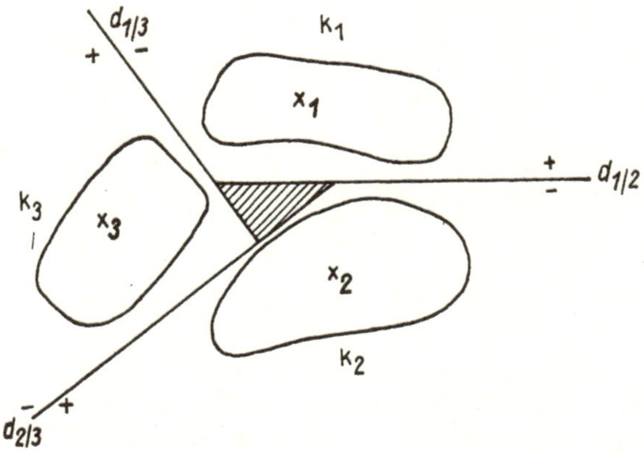

Abb. 4.13. Entscheidungsgrenzen bei paarweiser Klassentrennung

ist dann anstelle von + und − auf $> \delta_{i/j}$ und $< -\delta_{i/j}$ zu prüfen, wobei $\delta_{i/j}$ der Zonenparameter zur Diskriminanzfunktion $d_{i/j}$ ist. Werden für ein Objekt mit dem Merkmalsvektor x die Bedingungen in keinen der $K(K-1)/2$ Spalten erfüllt, so erfolgt Rückweisung.

Einer Klassifikation mittels Repräsentanten entspricht die in Abb. 4.14 dargestellte stückweise lineare Unterteilung des Merkmalsraumes. Ein Objekt mit dem Merkmalsvektor x wird derjenigen Klasse zugeordnet, zu derem Repräsentanten r es den geringsten Abstand besitzt. In den *Diskriminanzfunktionen* wird auf die Ermittlung des Abstandes $|x - r_k|$ $(k = 1, 2, \ldots, K)$ verzichtet, denn es gilt

$$|x - r_k|^2 = |x|^2 - 2(x^{\mathrm{T}} r_k) + |r_k|^2 \quad k = 1, 2, \ldots, K$$

und da $|x|^2$ in alle Abstandsberechnungen den gleichen Wert einbringt, gilt auch

$$\min_k |\boldsymbol{x} - \boldsymbol{r}_k|^2 = \max_k \left[(\boldsymbol{x}^\mathsf{T} \boldsymbol{r}_k) - \frac{|\boldsymbol{r}_k|^2}{2} \right].$$

Für die Klassifikation mit Repräsentanten genügen also die in $\boldsymbol{x}$

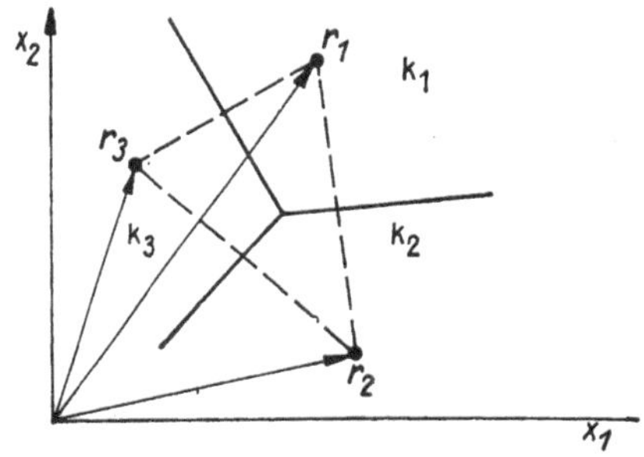

Abb. 4.14. Entscheidungsgrenzen bei dem Repräsentantenklassifikator.

linearen Diskriminanzfunktionen

$$d_k(\boldsymbol{x}) = (\boldsymbol{x}^\mathsf{T} \boldsymbol{r}_k) - \frac{|\boldsymbol{r}_k|^2}{2}.$$

Die Entscheidungsregel lautet dann:

$$\text{Wenn} \quad d_j(\boldsymbol{x}) = \max_k d_k(\boldsymbol{x}), \quad \text{so} \quad \boldsymbol{x} \in \text{Klasse } j. \tag{4.23}$$

Die Klassifikatorstruktur entspricht der Lernmatrix [Steinbuch (1967)] (Abb. 4.15). Der Gewichtsvektor $\boldsymbol{w}_k$ besteht aus den Komponenten von $\boldsymbol{r}_k$ und dem absoluten Glied $|\boldsymbol{r}_k|^2/2$. Weiterhin gilt $x_{n+} = 1$.

Wenn für eine Stichprobe $\mathscr{X}$ aus K Klassen eine Anordnung von K Repräsentanten existiert, die die Stichprobe richtig klassifiziert, so können die Diskriminanzfunktionen

$$d_k(\boldsymbol{x}) = w_1 x_1 + \cdots + w_n x_n + w_{n+1} x_{n+1} = (\boldsymbol{w}^\mathsf{T} \boldsymbol{x})$$

nach dem folgenden Fehlerkorrekturverfahren ermittelt werden [Nilsson (1965)], das von Kessler durch die Transformation eines Mehrklassenproblems auf ein Zweiklassenproblem abgeleitet wurde:

Anfangswerte $\boldsymbol{w}_k$, z. B. $\boldsymbol{w}_k = 0$ für $k = 1, 2, \ldots, K$;
Für $\boldsymbol{x} \in X_i$ folgt

$$\boldsymbol{w}_k := \boldsymbol{w}_k \quad \text{für } k = 1, 2, \ldots, K \text{ falls } \boldsymbol{w}_i^{\mathrm{T}}\boldsymbol{x} = \max_k \boldsymbol{w}_k^{\mathrm{T}}\boldsymbol{x},$$

sonst

$$\boldsymbol{w}_i := \boldsymbol{w}_i + \boldsymbol{x}$$

$$\boldsymbol{w}_j := \boldsymbol{w}_j - \boldsymbol{x} \quad \text{für alle } j \neq i \text{ mit } \boldsymbol{w}_j^{\mathrm{T}}\boldsymbol{x} \geqq \boldsymbol{w}_i^{\mathrm{T}}\boldsymbol{x}$$

$$\boldsymbol{w}_l := \boldsymbol{w}_l \quad \text{für alle } l \quad \text{mit } \boldsymbol{w}_l\boldsymbol{x} < \boldsymbol{w}_i\boldsymbol{x}.$$

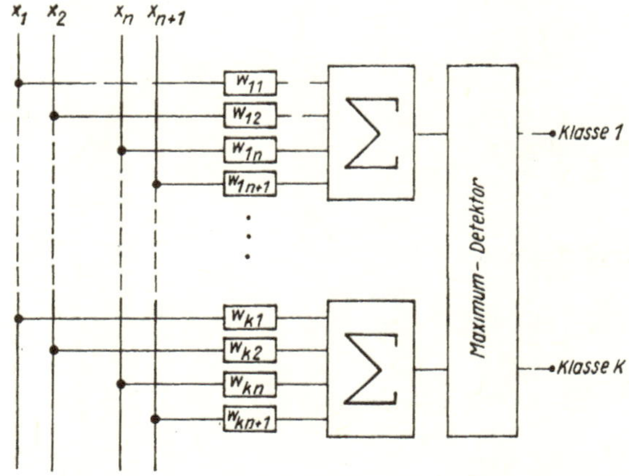

Abb. 4.15. Struktur des Repräsentantenklassifikators

Dieser Algorithmus liefert nach einer endlichen Zahl von Korrekturschritten eine Lösung, wenn Lösungen existieren.[1])

KOWALESKIJ (1976) erweitert den Ansatz für den Repräsentanten

[1]) Unabhängig von der linearen Separierbarkeit kann mit der Methode der Regressionsanalyse ein Satz von K Diskriminanzfunktionen ermittelt werden. Dabei wird eine im quadratischen Mittel beste Anpassung der Diskriminanzfunktionen an die A-posteriori-Wahrscheinlichkeiten erhalten [MEYER-BRÖTZ und SCHÜRMANN 1970].

r_k um einen Parameter ζ, dessen Werte durch Modellvorstellungen über die Erzeugung der Objekte spezifiziert werden. Mit dem Parameter ζ werden dem Klassengebiet eine Vielzahl von Repräsentanten $r_k(\zeta)$ zugeordnet, von denen jedoch nur die in der Nähe der Klassengrenzen benötigt und durch Optimierung ausgewählt werden. Die Diskriminanzfunktion $d_k(\boldsymbol{x})$ ist dann auch eine Funktion von ζ, und die Entscheidungsregel (4.23) lautet für diesen Ansatz:

$$\text{Wenn } d_j(\boldsymbol{x}) = \max_k \max_\zeta d_k(\boldsymbol{x}, \zeta), \qquad \text{so } \boldsymbol{x} \in \text{Klasse } j.$$

Die Unterteilung des Merkmalsraums mittels Hyperflächen kann der optimalen Klassifikation recht nahe kommen. Beispielsweise werden die Klassengebiete zu zwei Normalverteilungen durch eine Hyperfläche 2. Grades getrennt, die im Falle gleicher Kovarianzmatrizen eine Hyperebene ist. Bei K Klassen mit Normalverteilungen gleicher Kovarianzmatrix und gleichen A-priori-Wahrscheinlichkeiten wird der in Abb. 4.14 dargestellte Repräsentantenklassifikator erhalten, wobei die Repräsentanten r_i die Mittelwertvektoren μ_i der K Normalverteilungen sind.

4.2.3.3. *Mehrfachschwellenwertelemente* (MSE)

Bei den bisher betrachteten Unterteilungen des Merkmalsraums mittels Hyperflächen wurden die Klassengebiete durch die Abgrenzung der Klassen gegeneinander erhalten. Rückweisungsgebiete wurden lediglich zwischen die Klassengebiete eingepaßt. Eine Begrenzung der Klassen gemäß ihrer Verteilung im Merkmalsraum wird so noch nicht erreicht, so daß auch von der Stichprobe extrem abweichende Elemente irgendeiner Klasse zugeordnet werden, wenn sie nicht zufällig in einer Rückweisungszone zwischen den Klassen liegen.

Bei der Klassifikation mit Repräsentanten können zulässige Abstände von den Repräsentanten definiert und so Ausreißer rückgewiesen werden. Hyperellipsoide und Hyperkugeln bieten sich dafür an, speziell wenn die Verteilungsdichten durch Normalverteilungen approximiert werden können.

Eine andere Möglichkeit mit linearen Diskriminanzfunktionen und einfachen Klassifikatorstrukturen ist der Einsatz von *Mehrfachschwellenwertelementen* (MSE). Abb. 4.16a zeigt die Trennung von 4 Klassen. Die Klassenpaare 1/2, 2/4 und 3/4 werden durch 3 parallele Hyperebenen mit der Normalen in Richtung $\boldsymbol{w}_3^*$ getrennt, die Klassenpaare 1/4 und 2/3 durch 2 parallele Hyperebenen mit der Normalen in Richtung $\boldsymbol{w}_2^*$ und das Klassenpaar 1/3 durch eine Hyperebene mit der Normalen in Richtung $\boldsymbol{w}_1^*$. Werden für jede Diskriminanzfunktion doppelt so viele Schwellen bereitgestellt, wie Klassen vorhanden sind, so können die Klassengebiete wie in Abb. 4.16b durch Scharen paralleler Hyperebenen begrenzt werden.

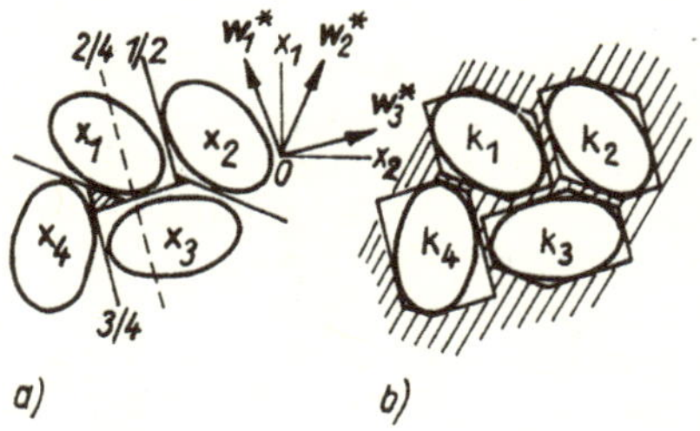

Abb. 4.16. Klassentrennung und Klassenbegrenzung mit Scharen paralleler Hyperebenen

Mit den Schwellen o_{kt} oberhalb und u_{kt} unterhalb der Klasse k in Richtung von $\boldsymbol{w}_t^*$ lautet die Entscheidungsregel:

$$\begin{aligned} &\text{wenn} \quad u_{kt} \leqq (\boldsymbol{w}^{*\mathsf{T}}\boldsymbol{x}) \leqq o_{kt} \quad \text{für} \quad t = 1, 2, 3, \\ &\text{so } \boldsymbol{x} \in \text{Klasse } k, \\ &\text{sonst Rückweisung.} \end{aligned} \tag{4.24}$$

Der zugehörige Klassifikator besteht aus drei MSE.

Die Anpassung eines MSE an mehrere zugeordnete Klassenpaare kann auf Gütekriterien und Algorithmen für Zweiklassenprobleme zurückgeführt werden [Schoenborn (1978)]. Dafür wird für jedes Klassenpaar die Aussage benötigt, welche Klasse oberhalb und welche Klasse unterhalb der zugehörigen Schwelle liegen soll. Es genügt die Projektion einer kleinen Stichprobe auf systematisch oder statistisch erzeugte Richtungen für diese Zuordnung. Dann wird der Gewichtsvektor $\boldsymbol{w}_i$ durch ebenso viel weitere Komponenten $w_{i/j}$ ergänzt, wie Klassenpaare durch die Diskriminanzfunktion

d_i zu unterscheiden sind, z. B. für den Fall in Abb. 4.16

$$
\begin{array}{llllll}
\boldsymbol{w}^{\mathsf{T}} = (w_1, \ldots, w_n, & w_{1/2}, & w_{2/4}, & w_{3/4}) & = (\boldsymbol{w}^{*\mathsf{T}}, w_{n+1}, w_{n+2}, w_{n+3}) & \\
\boldsymbol{y}^{\mathsf{T}} = (-\boldsymbol{x}^{\mathsf{T}}, & -x_0, & 0, & 0) & \text{für alle} \quad \boldsymbol{x} \in \mathscr{X}_1, & \\
\boldsymbol{y}^{\mathsf{T}} = (\boldsymbol{x}^{\mathsf{T}}, & x_0, & 0, & 0) & \text{für alle} \quad \boldsymbol{x} \in \mathscr{X}_2, & \\
\boldsymbol{y}^{\mathsf{T}} = (\boldsymbol{x}^{\mathsf{T}}, & 0, & x_0, & 0) & \text{für alle} \quad \boldsymbol{x} \in \mathscr{X}_2, & (4.25) \\
\boldsymbol{y}^{\mathsf{T}} = (-\boldsymbol{x}^{\mathsf{T}}, & 0, & -x_0, & 0) & \text{für alle} \quad \boldsymbol{x} \in \mathscr{X}_4, & \\
\boldsymbol{y}^{\mathsf{T}} = (\boldsymbol{x}^{\mathsf{T}}, & 0, & 0, & x_0) & \text{für alle} \quad \boldsymbol{x} \in \mathscr{X}_3, & \\
\boldsymbol{y}^{\mathsf{T}} = (-\boldsymbol{x}^{\mathsf{T}}, & 0, & 0, & -x_0) & \text{für alle} \quad \boldsymbol{x} \in \mathscr{X}_4. &
\end{array}
$$

Die Bildungsvorschrift für die $\boldsymbol{y}$ lautet: Ist $w_{i/j}$ für die Unterscheidung des Klassenpaares i/j vorgesehen und liegt der Schwerpunkt von i oberhalb der Schwelle, so werden $\boldsymbol{x} \in \mathscr{X}_i$ als $\boldsymbol{x}$ und $y_{i/j} = x_0$ sowie $\boldsymbol{x} \in \mathscr{X}_j$ als $-\boldsymbol{x}$ und $y_{i/j} = -x_0$ in $\boldsymbol{y}$ aufgenommen. So wird mit allen $\boldsymbol{x}$ der beteiligten Klassenpaare verfahren; die Menge aller $\boldsymbol{y}$ wird mit $\mathscr{Y}$ bezeichnet. Mit der so definierten Menge $\mathscr{Y}$ kann im Fall linearer Separierbarkeit durch das MSE eine Lösung mit dem Fehlerkorrekturalgorithmus in Abschnitt 3.2. ermittelt werden. Andernfalls ist der Algorithmus (3.28) in Abschnitt 3.4. zur Anpassung von Rückweisungszonen einzusetzen.

Die Mehrebenenverfahren sind auch anwendbar, wenn eine klassifizierte Stichprobe vorliegt, die aus den Objekten zweier Klassen und rückzuweisenden Objekten mit Ähnlichkeit zu beiden Klassen besteht, z. B. Schriftzeichen der Ziffern 3 und 8 sowie Schriftzeichen, die aufgrund der Ähnlichkeit zur 3 und 8 nicht zugewiesen werden können. Diese Klassifikationsaufgabe wird wie ein Dreiklassenproblem mit MSE behandelt, wobei die Rückweisungsklasse zwischen den beiden anderen Klassen angeordnet wird.

Lineare Diskriminanzfunktionen sind durch einfache Schaltungen zu realisieren und finden bei Klassifikatoren breite Anwendung. Auch die Fehlerkorrekturalgorithmen mit $\gamma = 1$ sind mit integrierten Halbleiterschaltkreisen einfach zu realisieren (FIMMEL (1973)].

4.2.3.4. Entscheidungsbaumklassifikatoren

Entscheidungsbäume eignen sich für Klassifizierungsaufgaben insbesondere dann, wenn die Objektmengen durch diskretwertige Merkmale x_i (z. B. {0, 1} oder Teilmenge der ganzen Zahlen) beschrieben sind. Bei dem Auftreten kontinuierlicher Merkmalswerte kann eine Unterteilung in Intervalle vorgenommen werden. Für das Merkmal x_1 können z. B. die Intervalle $\langle -2, 0)$, $\langle 0, 1)$ und $\langle 1, 5\rangle$ auftreten. Je nachdem, ob der Wert von x_i in dem 1., 2. oder 3. Intervall liegt, wird für die Verzweigung des Entscheidungsbaums der 1., 2. oder 3. Testausgang verwendet (Abb. 4.17a).

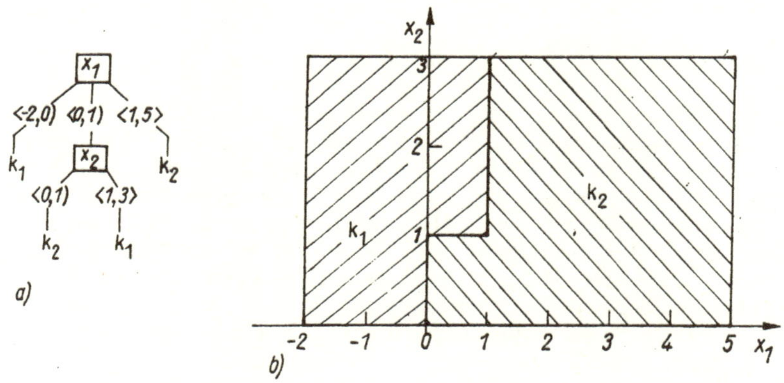

Abb. 4.17. Klasseneinteilung durch einen Entscheidungsbaum mittels Intervallteilung

Der Test, ggf. die Berechnung der einzelnen Merkmale, erfolgt sequentiell. Im Ergebnis der einzelnen Tests wird entsprechend der Verzweigung im Entscheidungsbaum ein weiteres Merkmal angefordert oder eine Klassenzugehörigkeit für das anliegende Objekt ausgegeben. Durch den Entscheidungsbaum erfolgt eine Aufteilung des Objektraums in achsenparallele Hyperquader, die den einzelnen Klassen zugeordnet sind (Abb. 4.17b).

Ein Vorteil von Entscheidungsbäumen liegt darin, daß es für die Ausgabe der Klassenzugehörigkeit eines Objekts nicht unbedingt notwendig ist, alle Merkmale x_i zu messen bzw. zu berechnen.

Entscheidungsbäume werden bei der Entwicklung visueller Sensorsysteme für Industrieroboter, bei der Dokumentenrecherche, bei Diagnoseaufgaben in der Medizin u. ä. eingesetzt, weil sie eine einfache, die Logik des Entscheidungsprozesses widerspiegelnde Struktur aufweisen und auch auf Klein- und Mikrorechnern effektiv implementierbar sind. Sie erfordern bei der Entscheidungsfindung für die Abarbeitung nur sehr geringe Zeiten (die in den Knoten durchzuführenden Tests sind z. B. den Registervergleichsoperationen im Mikrorechner angepaßt). Der Speicherbedarf ist abhängig von der Tiefe des Baums und der Anzahl der Verzweigungen. Entscheidungsbäume werden in [Unger und Wysotzki (1981)] ausführlich behandelt.

4.3. *Clusterung*

Bei den bisher betrachteten Belehrungsverfahren zur Konstruktion eines Klassifikators wurde die Klassenzugehörigkeit der Objekte in der Stichprobe als bekannt vorausgesetzt. Es gibt jedoch auch Problemstellungen, bei denen die Klassenzugehörigkeit der Daten unbekannt bzw. nur teilweise bekannt ist (z. B. bei der Klassifikation von Multispektraldaten der Erdoberfläche) oder die Bestimmung der Klassenzugehörigkeit einen nicht vertretbaren Aufwand erfordert (z. B. nicht klassifizierte Schriftzeichen-Stichproben in der Größenordnung Millionen). Gegenstand der *Clusteranalyse* ist die Prüfung einer Datenmenge auf eine innere Struktur. Sind relevante Klassen mit den gemessenen Merkmalen diagnostizierbar? Wieviel Cluster liegen insgesamt vor? Ist es aufgrund der Verteilung der Objekte im Merkmalsraum zweckmäßig, eine Klasse durch mehrere Unterklassen zu beschreiben?

Die *Clusterverfahren* gehen davon aus, daß die Objekte einer Klasse (oder Unterklasse) einander ähnlich bzw. die Objekte verschiedener Klassen einander unähnlich sind und ähnliche Objekte im Merkmalsraum benachbart sind, d. h. Cluster bilden.

Es existieren eine Vielzahl von Clusterungstechniken. So wie bei der Klassifikation lassen sich Verfahren für parametrische und nichtparametrische Verteilungen unterscheiden. Die Verfahren für parametrische Verteilungen betreffen die Identifikation von Mischungsverteilungen. Für die Clustersuche mit nichtparametrischen Verfahren werden in Analogie zur Klassifikation Gütekriterien und plausible Abstandsmaße verwendet.

4.3.1. Identifikation von Mischungsverteilungen

Eine *Mischungsverteilung* von K Verteilungen wird durch

$$p(\boldsymbol{x}/\boldsymbol{\Theta}) = \sum_{k=1}^{K} p(\boldsymbol{x}/k, \boldsymbol{\Theta}_k)\, P(k)$$

beschrieben, wobei die Mischungsdichte $p(\boldsymbol{x}/\boldsymbol{\Theta})$ durch die Dichtekomponente $p(\boldsymbol{x}/k, \boldsymbol{\Theta}_k)$ und die Mischungsparameter (A-priori-Wahrscheinlichkeiten) $P(k)$ bestimmt wird. Die Parametervektoren $\boldsymbol{\Theta}_1, \ldots, \boldsymbol{\Theta}_k$ charakterisieren die zugrundeliegenden parametrischen Verteilungen. Bei einer Mischung von Normalverteilungen ist $\boldsymbol{\Theta}_i = (\mu_i, \Sigma_i)$.

Für die Ermittlung der Parameter existieren verschiedene Ansätze. Dazu gehören die „*Maximum-Likelihood-Schätzung*" und die BAYES-*Schätzung*. Liegt ein Satz $\mathscr{X}^{(N)}$ von N Mustern $\boldsymbol{x}$ als Mischungsverteilung vor, so gilt aufgrund der Unabhängigkeit der Objekte der Stichprobe für die Likelihood-Schätzung des Ensembles $\mathscr{X}^{(N)}$

$$p(\mathscr{X}^{(N)}/\boldsymbol{\Theta}) = \prod_{i=1}^{N} p(\boldsymbol{x}_i/\boldsymbol{\Theta}). \tag{4.30}$$

Gesucht ist die Maximum-Likelihood-Schätzung $\hat{\boldsymbol{\Theta}}$, die $p(\mathscr{X}^{(N)}/\boldsymbol{\Theta})$ maximiert. Unter der Annahme, daß $p(\mathscr{X}^{(N)}/\boldsymbol{\Theta})$ eine differenzierbare Funktion von $\boldsymbol{\Theta}$ ist, können notwendige Bedingungen für $\hat{\boldsymbol{\Theta}}$ abgeleitet werden.

Bei der BAYES-Schätzung des Parameterensembles $\boldsymbol{\Theta}$ wird $\boldsymbol{\Theta}$ als Zufallsvariable einer bekannten Verteilung betrachtet und die Stichprobe $\mathscr{X}^{(N)}$ zur Berechnung der Wahrscheinlichkeitsdichte $p(\boldsymbol{\Theta}/\mathscr{X}^{(N)})$ verwendet. Gemäß der BAYES-Regel gilt

$$p(\boldsymbol{\Theta}/\mathscr{X}^{(N)}) = \frac{p(\mathscr{X}^{(N)}/\boldsymbol{\Theta})\, p(\boldsymbol{\Theta})}{\int p(\mathscr{X}^{(N)}/\boldsymbol{\Theta})\, p(\boldsymbol{\Theta})\, \mathrm{d}\boldsymbol{\Theta}}. \tag{4.31}$$

Wird (4.30) in (4.31) eingesetzt, so ergibt sich die folgende Rekursionsgleichung für das unüberwachte BAYES-Lernen

$$p(\boldsymbol{\Theta}/\mathscr{X}^{(N)}) = \frac{p(\boldsymbol{x}_N/\boldsymbol{\Theta})\, p(\boldsymbol{\Theta}/\mathscr{X}^{(N-1)})}{\int p(\boldsymbol{x}_N/\boldsymbol{\Theta})\, p(\boldsymbol{\Theta}/\mathscr{X}^{(N-1)})\, \mathrm{d}\boldsymbol{\Theta}}. \tag{4.32}$$

Die Beziehung zeigt den Lernvorgang, wie die Schätzung von $\boldsymbol{\Theta}$ durch die Hinzunahme eines weiteren Musters modifiziert wird (s. auch Abschnitt 4.2.2.3.).

Aus der Approximation

$$p(\boldsymbol{x}/k, \mathscr{X}^{(N)}) \approx p(\boldsymbol{x}/k, \hat{\Theta}_k)$$

ergibt sich die Schätzung der A-posteriori-Wahrscheinlichkeit

$$p(k/\boldsymbol{x}, \mathscr{X}^{(N)}) \approx \frac{p(\boldsymbol{x}/k, \hat{\Theta}_k)\, P(k)}{\sum_{j=1}^{K} p(\boldsymbol{x}/j, \hat{\Theta}_j)\, P(j)} \,. \tag{4.33}$$

Eine detaillierte Darstellung findet der interessierte Leser bei Duda und Hart (1973).

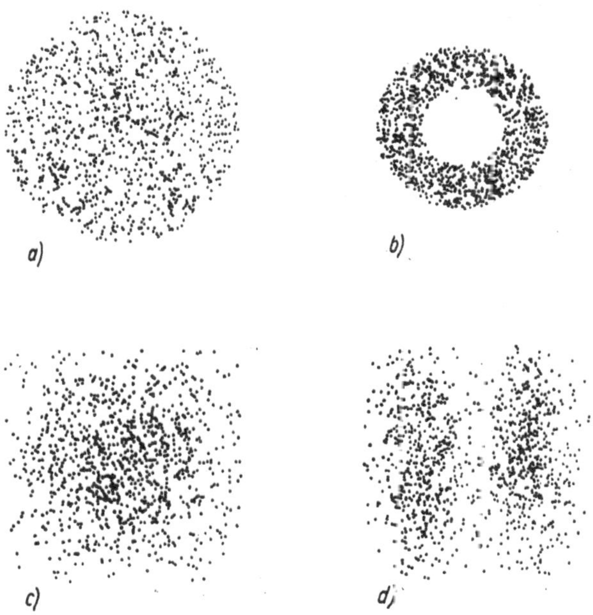

Abb. 4.18. Verteilungen mit identischer Kovarianzmatrix

Die Lösung wird wesentlich einfacher, wenn die A-priori-Kenntnis eine grobe Parameterschätzung erlaubt. Neu hinzukommende Muster werden mit dieser Parameterschätzung klassifiziert und für die Modifikation des Parametervektors verwendet. Aus zahlreichen Berichten und experimentellen Ergebnissen läßt sich schließen, „daß die meisten dieser Prozeduren gut arbeiten, wenn die Annahmen über die Parameter gültig sind, wenn nur eine geringe Überlappung zwischen den Dichtekomponenten existiert und wenn die Anfangswerte des Klassifikators wenigstens grob stimmen" [Duda und Hart (1973) S. 211].

Unbegründete Annahmen über die zugrundeliegende Statistik können vollkommen irreführende Ergebnisse liefern. Beispielsweise existieren in Merkmalsräumen Punktmengen ganz verschiedener Anordnung mit gleichem Mittelwertvektor $\boldsymbol{\mu}$ und gleicher Kovarianzmatrix $\boldsymbol{\Sigma}$, die keinerlei Ähnlichkeit mit einer Normalverteilung besitzen (Abb. 4.18).

Praktikable und leistungsfähige Lösungen ergeben sich auch durch Anwendung einfacher Gütekriterien unter Einschluß heuristischer Vorgehensweisen.

4.3.2. Gütekriterien

Als Ähnlichkeitsmaß für die Gruppierung von Mustern zur Clustern bietet sich die *Euklidische Distanz* an. Zwei Muster werden demselben Cluster zugeordnet, wenn ihre Euklidische Distanz unterhalb einer vorzugebenden Schwelle liegt. Dieses Clusterungsprinzip ist invariant gegenüber Rotationen und Translationen, jedoch nicht gegenüber linearen Transformationen des Merkmalsraumes. Ist der Merkmalsraum nicht isotrop, d. h., besitzen bestimmte Merkmalskomponenten einen wesentlich größeren Wertebereich als andere, so erweisen sich die letzteren für die Abstandsberechnung als bedeutungslos. Um Gleichberechtigung der Merkmalskomponenten zu erreichen, kann jede Merkmalskomponente auf eine einheitliche Varianz normiert werden. Diese Transformation kann sich jedoch auch als vollkommen ungeeignet erweisen, da sie die Tendenz zeigt, alle Cluster in einer Hyperkugel zu vereinigen.

Das *Gütekriterium* für die Minimierung der quadratischen Abweichungen verwendet die Summe der quadratischen Abstände der dem Cluster $\mathcal{X}_i$ zugeordneten Muster $\boldsymbol{x}_i$ vom Clustermittelwert $\boldsymbol{m}_i$ für alle K Cluster

$$Q = \sum_{i=1}^{K} \sum_{\boldsymbol{x} \in \mathcal{X}_i} |\boldsymbol{x} - \boldsymbol{m}_i|^2. \tag{4.34}$$

Aus den Streumatrizen $\boldsymbol{S}_i$ zur *Intra-* und *Inter-Cluster-Streuung* (Abschnitt 2.3) lassen sich weitere Gütekriterien ableiten [Fuku-

NAGA (1972), DUDA und HART (1973)]. Die Spur der Intra-Cluster-Streumatrix führt auf

$$Q = \text{Spur}\, \boldsymbol{S}_{\text{intra}} = \sum_{i=1}^{K} \text{Spur}\, \boldsymbol{S}_i = \sum_{i=1}^{K} \sum_{\boldsymbol{x} \in \mathscr{X}_i} |\boldsymbol{x} - \boldsymbol{m}_i|^2, \quad (4.35)$$

d. h. genau auf das Kriterium zur Minimierung der quadratischen Abweichungen.
Die Determinante

$$|\boldsymbol{S}_{\text{intra}}| = \left| \sum_{i=1}^{K} \boldsymbol{S}_i \right| \quad (4.36)$$

ist proportional zu dem Produkt der Varianzen in den Richtungen der Hauptachsen. Sie entspricht dem Quadrat des Intra-Cluster-Streuvolumens, das es zu minimieren gilt.

Clustereinteilungen nach dem Gütekriterium $Q = |\boldsymbol{S}_{\text{intra}}|$ sind invariant gegenüber Skalierungen der Achsen des Merkmalsraums, was bei den Gütekriterien (4.34) und (4.35) nicht der Fall ist. Die Eigenwerte $\lambda_1, \ldots, \lambda_D$ (D = Dimension des Merkmalsraums) von $\boldsymbol{S}_{\text{intra}}^{-1} \boldsymbol{S}_{\text{inter}}$ sind ebenfalls invariant gegenüber nichtsingulären Transformationen. Diese Eigenwerte messen das Verhältnis von Inter- zu Intra-Cluster-Streuung in Richtung der Eigenvektoren, das es zu maximieren gilt. Das Gütekriterium ist

$$Q = \text{Spur}\, \boldsymbol{S}_{\text{intra}}^{-1} \boldsymbol{S}_{\text{inter}} = \sum_{i=1}^{D} \lambda_i. \quad (4.37)$$

Ist das Gütekriterium ausgewählt und ist die Anzahl der Cluster vorgegeben, so kann prinzipiell mittels erschöpfender Suche die optimale Clustereinteilung ermittelt werden. Die Kombinatorik liefert für die Einteilung von n Elementen in m Cluster als Zahl der Möglichkeiten (STIRLINGsche Zahl 2. Art)

$$Z(n; m) = \frac{1}{m!} \sum_{i=1}^{m} (-1)^{m-i} \binom{m}{i} i^n.$$

Beispielsweise ergibt sich für die Einteilung von nur 25 Elementen in 5 Gruppen bereits $Z(25; 5) \approx 2 \times 10^{15}$. Erschöpfende Suche scheidet also aus, so daß unter Verzicht auf globale Optimierung versucht wird, mittels Lernverfahren ein für die Anwendung ausreichendes Ergebnis iterativ zu erhalten.

4.3.3. *Iterative Optimierung*

Eine Anzahl effektiver Iterationsverfahren für die Clusterung arbeitet nach dem in Abb. 4.19 dargestellten Prinzip. Ausgangspunkt ist die Initialisierung von Clusterzentren. Jedes Stichprobenelement wird dem ihm nächst benachbarten Clusterzentrum

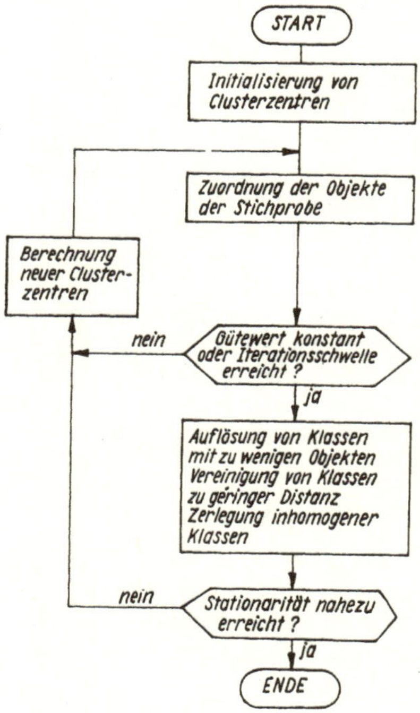

Abb. 4.19. Iterative Clusterung

zugeordnet. Sind alle Elemente der Stichprobe den Clusterzentren zugeordnet, so werden neue Clusterzentren als Mittelwerte ihrer Elemente berechnet, und jedes Stichprobenelement wird wiederum dem ihm nächst benachbarten Clusterzentrum zugeordnet. Diese Schleife wird wiederholt, bis sich Stationarität in der Zuordnung der Stichprobenelemente zu den Clustern ergibt, oder es wird nach Erreichen einer vorgegebenen Iterationsschwelle abgebrochen. Das ist die Basisroutine bei fester Anzahl K von Clusterzentren. Als Abstandsmaß wird im allgemeinen der EUKLIDische Abstand und als Gütekriterium Q verwendet:

$$Q = \sum_{i=1}^{K} \sum_{x \in \mathcal{X}_i} |\boldsymbol{x} - \boldsymbol{m}_i|^2. \tag{4.34}$$

Bis zum Erreichen der Stationarität verbessert jede Schleife den *Gütewert*. Zyklen können nicht auftreten, und da nur eine endliche Anzahl von Einteilungen existiert, konvergiert der Algorithmus gegen ein Optimum, allerdings nur ein lokales Optimum, das bei Existenz mehrerer lokaler Optima bereits durch die Initialisierung vorbestimmt ist. Dementsprechend ist für die Initialisierung alle A-priori-Kenntnis zu verwenden oder es sind verschiedene Initialisierungsvarianten zu wählen, um gegebenenfalls unterschiedliche lokale Optima zu finden.

Der Gütewert Q ist sowohl von der Stichprobe $\mathcal{X}$ als auch von der Anzahl K der Cluster abhängig. Das Minimum von (4.34) ist eine monoton abnehmende Funktion von K, so daß eine Optimierung der Anzahl K mit diesem Gütekriterium nicht möglich ist. Die Variation der Clusteranzahl erfolgt durch Auflösung von Clustern mit zu wenigen Elementen, Vereinigung von Clustern zu geringer Distanz und Zerlegung inhomogener Cluster. Die Kriterien für diese Prozeduren werden heuristisch vorgegeben und sind gegebenenfalls wie die Initialisierungsprozedur bis zum Erreichen einer geeigneten Klassifikation der Stichprobe zu variieren [ANDERBERG (1973)].

Das bekannteste iterative Clusterverfahren ist das von BALL und HALL (1967) vorgeschlagene und weiterentwickelte ISODATA-Verfahren (Iterative-Self-Organizing Data Ananlysis Technique), das in verschiedenen Systemen (s. Abschnitt 5.3.2.) im Einsatz ist. In ISODATA wird der Mittelwert aller Stichprobenelemente als erstes Clusterzentrum gewählt. Die Objekte der Stichprobe werden auf ihre Entfernung von diesem Zentrum getestet. Von den hinreichend weit vom Zentrum entfernten Objekten werden nacheinander solche ausgewählt, die hinreichend weit von den bereits ausgewählten entfernt sind. So wird erreicht, daß die initiierten Clusterzentren recht gleichmäßig über den mit Objekten belegten Merkmalsraum verteilt sind. — Nach der Initialisierung von Clusterzentren wird die innere Schleife zur Minimierung des Gütewertes (4.34) bei festem K wirksam.

Wird Stationarität oder eine vorgegebene Schwelle für die Iterationsschrittzahl erreicht, so wird die Anzahl der Cluster variiert. Cluster aus nur wenigen Elementen werden als Ausreißer aus der Stichprobe entfernt. Prozeduren zur Clustervereinigung und Clusterzerlegung werden aufgerufen. Ist K_A der vorgegebene Wert für die zu erwartende Clusteranzahl, so wird bei Überschreitung einer vorgegebenen Schwelle $K_A(1 + \Delta)$ eine Prozedur für die Vereinigung von Clustern wirksam. Andernfalls und bei Unterschreitung von K_A wird eine Prozedur zur Zerlegung von Clustern aktiviert. So wird versucht, K_A Cluster zu begründen, falls sich die vorgegebene Anzahl K_A nicht als unrealistisch erweist.

Für N Objekte und K Clusterzentren sind in einer Schleife NK Distanzberechnungen und $N(K - 1)$ Distanzvergleiche erforderlich. Für die laufende Berechnung der Mittel- und Clusterwerte lassen sich die folgenden Beziehungen nutzen. Wechselt ein Objekt $\hat{\boldsymbol{x}}$ von dem Cluster $\mathcal{X}_i$ mit N_i Elementen zu $\mathcal{X}_j$ mit N_j Elementen, so gilt für die neuen Mittelwerte $\boldsymbol{m}_i^*$ und $\boldsymbol{m}_j^*$

$$\boldsymbol{m}_i^* = \boldsymbol{m}_i - \frac{\hat{\boldsymbol{x}} - \boldsymbol{m}_i}{N_i - 1}, \quad \boldsymbol{m}_j^* = \boldsymbol{m}_j + \frac{\hat{\boldsymbol{x}} - \boldsymbol{m}_j}{N_j + 1}. \tag{4.38}$$

Der Güteanteil Q_i verringert sich auf

$$\begin{aligned}
Q_i^* &= \sum_{\boldsymbol{x}\in\mathcal{X}_i} |\boldsymbol{x} - \boldsymbol{m}_i^*|^2 - |\hat{\boldsymbol{x}} - \boldsymbol{m}_i^*|^2 \\
&= \sum_{\boldsymbol{x}\in\mathcal{X}_i} \left|\boldsymbol{x} - \boldsymbol{m}_i - \frac{\hat{\boldsymbol{x}} - \boldsymbol{m}_i}{N_i - 1}\right|^2 - \left|\hat{\boldsymbol{x}} - \boldsymbol{m}_i + \frac{\hat{\boldsymbol{x}} - \boldsymbol{m}_i}{N_i - 1}\right|^2 \\
&= Q_i - 2\frac{(\hat{\boldsymbol{x}} - \boldsymbol{m}_i)^{\mathsf{T}}}{N_i - 1} \sum_{\boldsymbol{x}\in\mathcal{X}_i} (\boldsymbol{x} - \boldsymbol{m}_i) + \frac{N_i |\hat{\boldsymbol{x}} - \boldsymbol{m}_i|^2}{(N_i - 1)^2} \\
&\quad - \frac{N_i^2\, |\hat{\boldsymbol{x}} - \boldsymbol{m}_i|^2}{(N_i - 1)^2} \\
&= Q_i - \frac{N_i}{N_i - 1} |\hat{\boldsymbol{x}} - \boldsymbol{m}_i|^2,
\end{aligned}$$

und der Wert von Q_j wächst auf

$$Q_j^* = Q_j + \frac{N_j}{N_j + 1} |\hat{\boldsymbol{x}} - \boldsymbol{m}_j|^2. \tag{4.39}$$

Fallen die Objekte sequentiell an und soll in Realzeit die Clusterung ohne Objektwechsel zwischen den Clustern erfolgen, so können (4.38) und (4.39) für die laufende Aktualisierung der Clusterzentren und Güteanteile benutzt werden.

4.3.4. Clusterung mit Schwellenwertfunktionen

4.3.4.1. Lückensuche mit adaptiven Schwellenwertelementen

Wie im Abschnitt 3.5.1. dargestellt wurde, läßt sich mit Hilfe von ASE vom Typ des MORISHITA-*Elements* in einer Objektmenge die Richtung $\boldsymbol{w}$ der maximalen Streuung ermitteln. Die Normalenrichtung, die durch den Vektor $\boldsymbol{w}$ definiert wird, weist im allgemeinen keine guten clustertrennenden Eigenschaften auf. Die zugehörigen Trennebenen zerschneiden die Cluster (Abb. 4.20.) Wünschenswert wäre etwa eine Trennebene B, Abb. 4.20, in deren Nähe relativ wenige Objekte liegen. In der Terminologei der *Clusterverfahren* heißt dies, daß Lücken zwischen den Clustern gefunden werden sollen. Eine mögliche Lage für den Normalenvektor der Trennebene A wird durch $\boldsymbol{w}$ gegeben. Die am äußeren Rande der Menge liegenden Punkte werden dabei überbewertet, da sie die Lage der Trennebene weitgehend bestimmen. Für die Güte der Clustertrennung sind aber die Objekte in der Nähe der Trennebene entscheidend. Wir diskutieren im folgenden den

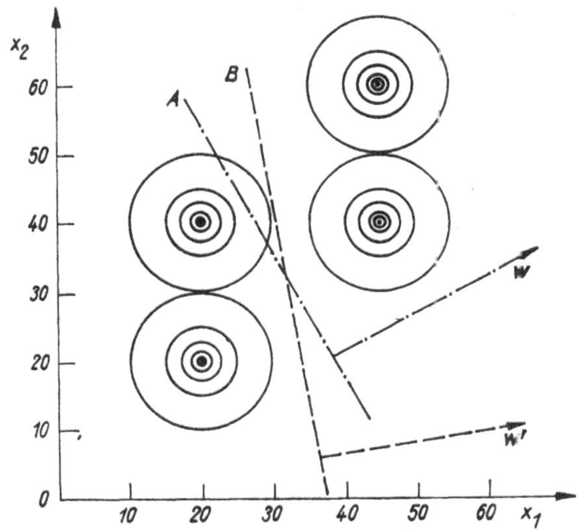

Abb. 4.20. Trennebenen und zugehörige Normalenvektoren

Vorschlag, die adaptiven Schwellenwertelemente mit drei Schwellen auszustatten und damit nach Lücken (Tälern) zwischen Moden in der Dichteverteilung der Objekte zu suchen (Abb. 4.21) [FRITZSCH (1976)].

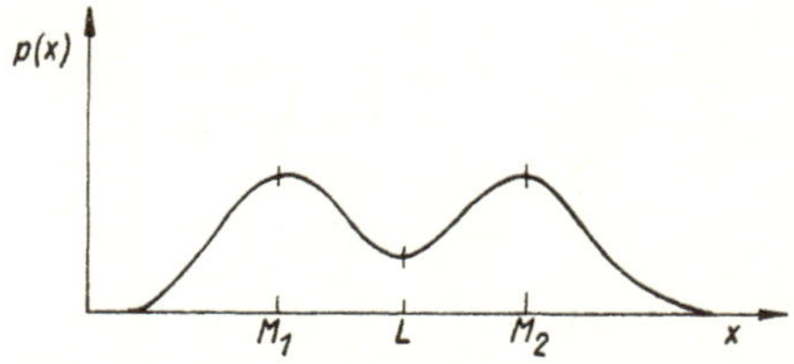

Abb. 4.21. Eindimensionale Dichte überlappender Cluster (M_1, M_2 – Moden, L – Tal)

Es lassen sich mit dem Verstellalgorithmus für die Schwelle q eines Schwellenwertelements

$$q := q - \gamma \operatorname{sign} b(x - q, a)^{1)} \qquad (4.40)$$

Lücken in eindimensionalen Dichten $p(x)$ finden. Hierbei kommt es allerdings noch auf die passende Wahl der beiden Parameter γ und a an. Die Schrittweitenänderung ist

$$\gamma_t = \frac{1}{t}. \qquad (4.41)$$

Zur Anpassung an die Breite des Tals ist die Fensterbreite a veränderbar. Sie wird verringert, wenn Objekte in das Intervall $(q - a,\ q + a)$ fallen, und wird andernfalls erhöht. Die Fensterbreite ist somit als ein Maß für die Enge des gefundenen Tals verwendbar. Die Verstellung von a lautet

$$a := \begin{cases} a - a_0 d & \text{für } |x - q| \leqq a, \\ a + d & \text{sonst.} \end{cases} \qquad (4.42)$$

Als Anfangswert kann man $a = 0$ wählen. Die Konstanten a_0 bzw. d erfüllen die Bedingungen $0 < a_0 < 1$ bzw. $0 < d < E_{\mathfrak{X}}[|x - q|]$.

[1]) Die Definition für sign $b(y, a)$ lautet:

$$\operatorname{sgn} b(y, a) = \begin{cases} \operatorname{sgn}(y) & \text{für } |y| \leqq a \\ 0 & \text{sonst.} \end{cases}$$

4.3.4.2. Clustercodierung durch Trennebenensysteme

Mit den Verstellgleichungen für q, γ und a ist der Grundbaustein eines Clustercodieralgorithmus gegeben. In Abb. 4.20 würde damit ungefähr die Trennebene B gefunden werden. Auf die Teilmengen zu beiden Seiten der Ebene wird derselbe Algorithmus wiederum angewendet, bis keine Täler mehr gefunden werden.

Unter Verwendung des MORISHITA-Elements läßt sich der folgende zweistufige *Clusteralgorithmus* in mehrdimensionalen Objekträumen aufbauen.

a) Ermittlung der Richtung maximaler Streuung in der Objektmenge

$$\begin{aligned} \boldsymbol{w} &:= \boldsymbol{w} + \gamma \boldsymbol{x} \operatorname{sgn}(\boldsymbol{x}^{\mathsf{T}}\boldsymbol{w}), \\ b &:= b + \gamma \operatorname{sgn}(\boldsymbol{x}^{\mathsf{T}}\boldsymbol{w} - b). \end{aligned} \tag{4.43}$$

Die veränderliche Schwelle b stellt sich dabei in die Nähe des Medians der Gesamtverteilung ein, so daß sich zu beiden Seiten der Trennebene etwa gleichviel Objekte befinden. (b entspricht der Größe w_{n+1} im Kapitel 3.)

Nachdem in der ersten Stufe des Algorithmus eine günstige Richtung gefunden worden ist, wird versucht, eine Trennebene zu finden, die sich zwischen die Cluster einpaßt. Die Größen $\boldsymbol{w}$ und b werden von der ersten an die zweite Stufe übergeben.

b)
$$\left.\begin{aligned} \boldsymbol{w} &:= \boldsymbol{w}[1 + \gamma \operatorname{sgn}(1 - |\boldsymbol{w}|)] \\ &\quad + \gamma \boldsymbol{x} \operatorname{sgn}(\boldsymbol{x}^{\mathsf{T}} \cdot \boldsymbol{w} - b) \\ b &:= b - \gamma \operatorname{sgn}(\boldsymbol{x}^{\mathsf{T}}\boldsymbol{w} - b) \end{aligned}\right\} \text{ für } |\boldsymbol{x}^{\mathsf{T}}\boldsymbol{w} - b| < a \tag{4.44}$$

$$\left.\begin{aligned} \boldsymbol{w} &:= \boldsymbol{w} \\ b &:= b \end{aligned}\right\} \text{ sonst.}$$

γ und a werden gemäß (4.41) und (4.42) verstellt. Die Konvergenz des Algorithmus ist nachgewiesen [FRITZSCH (1976c)].

Die wiederholte Anwendung dieser beiden Stufen auf sich weiter unterteilende Objektmengen entspricht im wesentlichen einer hierarchischen Clusterung.

Dieser Algorithmus kann wie ein Merkmalsextraktionsverfahren verwendet werden. Die Dimensionen des Merkmalsraums werden nicht wie bei den im Abschnitt 4.1. beschriebenen Verfahren von der integralen Verteilung der Objekte bestimmt, sondern von der Verteilung der Objekte in den Gebieten zwischen den Clustern (bzw. den in Clustern angeordneten Klassen), so daß bereits im Merkmalsraum die Dimensionen mit großer Überdeckung zwischen den Clustern unterdrückt werden.

5. Anwendungsbeispiele zur Mustererkennung

Die hier ausgewählten Beispiele zum Einsatz von Lernverfahren — Schriftzeichenerkennung, Teileerkennung für Industrieroboter und Fernerkundung der Erde — verwenden das Methodenpotential der *Mustererkennung* (pattern recognition). In allen drei Gebieten werden Merkmalsselektions-, Cluster- und Klassifikationsverfahren mit Erfolg eingesetzt. Die Vielzahl von Problemstellungen bei der Bildauswertung, Forderungen an die Erkennungszeit und die vorhandenen technischen Möglichkeiten erfordern ein breites Potential an Methoden zur Optimierung entsprechender Verfahren. Selbst bei der Erkennung einer bestimmten Schriftart gibt es ganz unterschiedliche Verfahren vergleichbarer Leistungsfähigkeit, z. B. solche, die auf bestimmten Formelementen wie Ecken, Bögen, Kreuzungen und ihrer Lage zueinander beruhen, und andere, die das Rasterbild mit Gewichtsmatrizen multiplizieren und mit gespeicherten Repräsentanten zu den Schriftzeichen vergleichen.

Ein vollautomatisiertes Belehrungsverfahren ist die Ausnahme. Die interaktive Vorgehensweise ist dominierend. Modellvorstellungen bilden den Ausgangspunkt, Zwischenergebnisse werden mit A-priori-Wissen verglichen, zur Verbesserung der Leistungsfähigkeit wird die Verfahrensweise modifiziert.

Die speziellen Beispiele zu den drei Anwendungsgebieten sind unter dem Gesichtspunkt ausgewählt worden, charakteristische Problemstellungen für den Einsatz von Lernverfahren aufzuzeigen. Auf dem Gebiet der Schriftzeichenerkennung und Bilderkennung für Industrieroboter wird vorwiegend auf Arbeiten aus dem Arbeitskollektiv der Autoren Bezug genommen.

5.1. *Schriftzeichenerkennung*

5.1.1. *Einführung*

Klarschriftleser für Maschinen- und Handschrift werden bereits für die Automatisierung der Briefverteilung, die Belegerfassung und andere Informationsauswertungen mit EDVA eingesetzt.

Ausgangspunkt für die Erkennung ist bei den meisten Verfahren ein Schwarz-Weiß-Rasterbild des Zeichens. Das für die Erkennung geeignete Rasterbild wird im allgemeinen erst durch die Anwendung verschiedener Vorverarbeitungsprozeduren erhalten, z. B. die selbständige Anpassung der Binarisierungsschwelle an den Bildkontrast, Segmentierung benachbarter Zeichen in Einzelzeichen, Größen- und Strichstärkennormierung der Zeichen, Aufrichtung schräg stehender Zeichen durch Scherung (bei handgeschriebenen Ziffern), Zentrierung der Zeichen im Bildfenster, usw. Umfang und Art der einzusetzenden Vorverarbeitungsprozeduren werden durch den Stilisierungsgrad und die Qualität der zu erkennenden Schriftarten und auch durch das ausgewählte Erkennungsverfahren selbst bestimmt. Maschinen- und Handblockschriften werden getrennt ausgewertet, Groß- und Kleinbuchstaben werden extra klassifiziert, gegebenenfalls auch gleiche Buchstaben unterschiedlicher Schriftarten.

Bei der *Schriftzeichenerkennung* ist davon auszugehen, daß sich die Rasterbilder der gleichen Zeichenklasse voneinander unterscheiden. Die Erzeugung des Zeichens entspricht einem Zufallsprozeß, bei dem sich vom Schreibvorgang bis zur Aufnahme des Rasterbildes Störungen und Quantisierungseffekte überlagern, die zweckmäßig durch Stichproben statistisch erfaßt werden.

Das Optimalproblem für das Erkennungssystem ist ganz allgemein die Minimierung der durch Fehlklassifikationen und Rückweisungen anfallenden Kosten, wobei die Verarbeitungsgeschwindigkeit und der Aufwand des Verfahrens entscheidende Randbedingungen sind. Für den Ansatz, daß die Kosten für eine Fehlklassifikation und die Kosten für eine Rückweisung unabhängig von der Zeichenklasse sind, liefert die statistische Entscheidungstheorie übersichtliche Beziehungen für das Optimalproblem (s. Abschnitt 4.2.1.).

Für die Schätzung der Verteilungsdichten $p(x/k)$ sind lineare und quadratische Ansätze oder auch parametrische Verteilungen geeignet (s. Abschnitt 4.2.2.). Jedoch führt bei einem Rasterformat von $32 \times 32 = 1024$ Rasterpunkten der allgemeine quadratische Ansatz und ebenso die Normalverteilung auf über 500000 Merkmalskomponenten! Alternativen sind die Dimensionsreduktion durch Merkmalstransformation, wie in Abschnitt 4.1.2. beschrieben, und die direkte Unterteilung des Merkmalsraums in Klassen- und Rückweisungsgebiete, wie in Abschnitt 4.2.3. beschrieben.

Im allgemeinen wird eine dem Schwierigkeitsgrad der Aufgabenstellung etwa angepaßte Systemstruktur mit einer Vielzahl zu optimierender Parameter vorgegeben. Zur Anpassung des Systems sind die Parameter und gegebenenfalls auch die Struktur so lange zu modifizieren, bis für die Stichprobe eine befriedigende Leistung erreicht ist. Dieser Optimierungsprozeß kann beim Systementwurf durch Test und Korrektur realisiert werden, wobei mathematische Optimierungsverfahren eine weitgehende Automatisierung der Belehrung zulassen. Auf die Analyse der Testergebnisse und Modifikation der Belehrungsstrategien (Variation freier Parameter in den Lernverfahren) sowie heuristische Vorgehensweisen kann im allgemeinen nicht verzichtet werden.

Zwei Beispiele zeigen die Anwendung von Lernalgorithmen in der Schriftzeichenerkennung. In dem ersten Beispiel werden die Parameter einer Struktur aus Merkmalsfilter und Klassifikator durch Belehrung mit den einzelnen Objekten der Stichprobe optimiert. Das zweite Beispiel betrifft einen im Einsatz befindlichen Klarschriftleser, bei dem durch Belehrung mit neuen Zeichen die lesbaren Zeichenklassen erweitert werden können.

5.1.2. *Parameteroptimierung mit Lernalgorithmen*

Das erste Beispiel ist eine Erkennungseinheit für die *Beleglesung* [Fimmel, Fritzsch, Schoenborn, Schwarze (1979)]. Maßgebend waren die folgenden Bedingungen:

a) Schriftarten: OCR-A, OCR-B und stark stilisierte Handschrift, 10 Ziffern und 4 bis 6 Sonderzeichen; Verarbeitungsgeschwindigkeit ca. 400 Zeichen/s,
b) Systemstruktur mit einfachen Verarbeitungsoperationen (z. B. Skalarprodukt, Schwellenwertvergleich) und geringem Geräteaufwand,
c) Parameteroptimierung mit Lernalgorithmen.

Die *Erkennungseinheit* besteht aus einem *Merkmalsfilter* und einem *Klassifikator*. Das Merkmalsfilter führt eine lineare Transformation der rasterförmig dargestellten Zeichen aus, wobei die Transformationsmatrizen dyadische Produkte aus Spalten- und Zeilenvektoren sind. Im Klassifikator werden die Ausgangswerte des Merkmalsfilters (Merkmale) Mehrfachschwellenwertelementen zugeführt, mit denen eine Klassenzuordnung des angebotenen Zeichens vorgenommen wird.

Die Parameter für Merkmalsfilter und Klassifikator sind schriftartabhängig und werden mit Hilfe von Lernalgorithmen und einer repräsentativen Zeichenstichprobe optimiert. Das Erkennungsverfahren wurde für Maschinen- und Handschriftzeichen mit einem hohen Anteil an waagerechten und senkrechten Linien entwickelt. Diese Bedingungen erfüllen u. a. OCR-A und Segmenthandschrift. Ausgelegt wurde das Verfahren für die 10 Ziffern und Sonderzeichen der Schriftarten OCR-A, OCR-B und Segmenthandschrift (Abb. 5.1).

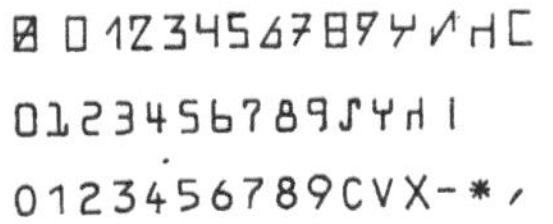

Abb. 5.1. Segmentzeichen, OCR-A und OCR-B-Zeichen. (Die 4 Sonderzeichen der Segmentschrift werden im Text fortlaufend als Klassen 10, 11, 12 und 13 bezeichnet.)

Abb. 5.2 zeigt die Anordnung mit der Erkennungseinheit. Eine Transporteinheit führt den Beleg unter der Optik des Abtasters entlang, der Abtaster liefert ein in Spalten aufgelöstes Schwarz-Weiß-Rasterbild des Zeichens. Dieses Rasterbild wird zentriert und der Erkennungseinheit zugeführt. Im Merkmals-

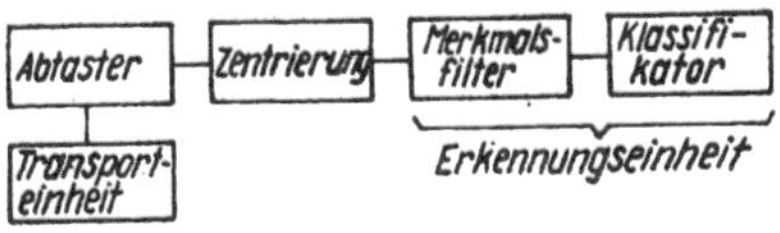

Abb. 5.2. Baugruppen eines Beleglesers

filter erfolgt eine Transformation des hochdimensionalen Bildraums — jedem Rasterpunkt entspricht eine Koordinatenrichtung — in einen niedrigdimensionalen Merkmalsraum der klassentrennenden Merkmale des Zeichens. Der Klassifikator weist anhand der Merkmale das abgtastete Zeichen einer Klasse zu oder weist es zurück, wenn die Merkmale nicht zur Entscheidung für eine Klasse ausreichen.

Einen Eindruck vom Variationsbereich der abgetasteten Segmentzeichen vermittelt Abb. 5.3. Die Zeichen sind entsprechend dem umschreibenden Rechteck in der Mitte des zu verarbeitenden Rasters positioniert.

Die Transformation aus dem Rasterbildraum in den Merkmalsraum weist folgende Kennzeichen auf:

1. Der Merkmalsraum wird von Richtungen aufgespannt, in denen der Abstand zwischen den Klassen möglichst groß und die Ausdehnung der einzelnen Klassen möglichst gering ist.
2. Die $m \times n$-Gewichtsmatrizen, die die Transformation kennzeichnen, werden als dyadische Produkte aus m-dimensionalen Spaltenvektoren $\boldsymbol{v}_r$ und n-dimensionalen Zeilenvektoren $\boldsymbol{h}_s$ gebildet und haben damit nur $m + n$ freie Parameter anstelle von $m \times n$ Parametern bei dem üblichen Ansatz für die Gewichtsmatrix.

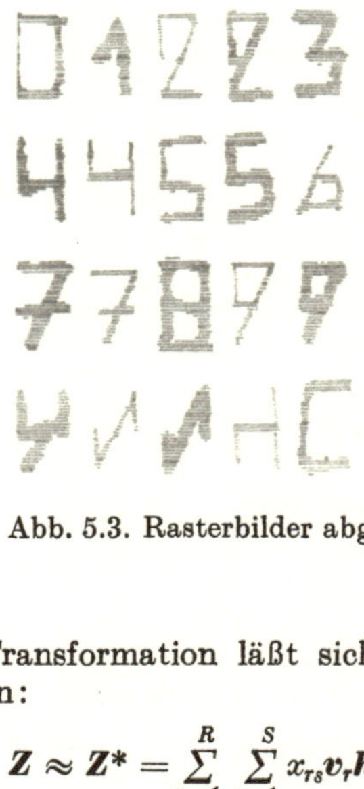

Abb. 5.3. Rasterbilder abgetasteter Segmentzeichen

Die Transformation läßt sich durch folgenden Ausdruck beschreiben:

$$\boldsymbol{Z} \approx \boldsymbol{Z}^* = \sum_{r=1}^{R} \sum_{s=1}^{S} x_{rs} \boldsymbol{v}_r \boldsymbol{h}_s^{\mathsf{T}}.$$

Dabei enthält die Matrix $\boldsymbol{Z}$ die Objektbeschreibung im Bildraum und die Matrix $\boldsymbol{Z}^*$ die durch die Summen von dyadischen Produkten angenäherte Objektbeschreibung. Das Merkmal x_{rs} gibt die Ausprägung der Gewichtsmatrix $\boldsymbol{v}_r \boldsymbol{h}_s^{\mathsf{T}}$ für die vorliegende Objektbeschreibung an.

Die Bestimmung der Vektorsysteme $\{\boldsymbol{v}_r\}$ und $\{\boldsymbol{h}_s\}$ erfolgt mit Lernalgorithmen. Diese werden mit der Gradientenmethode aus dem Gütekriterium

$$E\left[\left(\boldsymbol{Z} - \sum_{r=1}^{R} \sum_{s=1}^{S} (\boldsymbol{v}_r^{\mathsf{T}} \boldsymbol{Z} \boldsymbol{h}_s)\, \boldsymbol{v}_r \boldsymbol{h}_s^{\mathsf{T}}\right)^2\right] \to \min,$$

das die mittlere quadratische Abweichung zwischen den Objektbeschreibungen $\boldsymbol{Z}$ und $\boldsymbol{Z}^*$ minimiert, abgeleitet. Dabei werden Nebenbedingungen zur Maximierung des Interklassenabstands

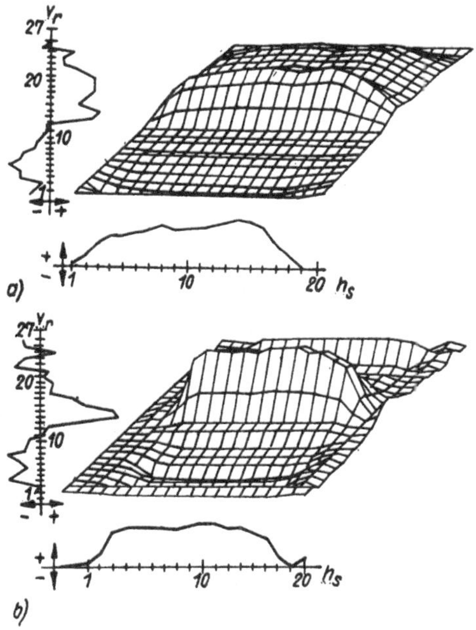

Abb. 5.4. Beispiel für eine Wichtungsmatrix ($\boldsymbol{v}_r \boldsymbol{h}_s^{\mathsf{T}}$) des Filters
a) Belehrung mit allen Klassen
b) Nachbelehrung mit dem Klassenpaar 0/8

bei konstant gehaltener Intraklassenstreuung angeschlossen. Sind die $\{\boldsymbol{v}_r\}$ und $\{\boldsymbol{h}_s\}$ erlernt, so ergeben sich die Merkmale x_{rs} für eine vorliegende Objektbeschreibung $\boldsymbol{Z}$ gemäß

$$x_{rs} = \boldsymbol{v}_r^{\mathsf{T}} \boldsymbol{Z} \boldsymbol{h}_s.$$

Die Transformationsmatrizen $\boldsymbol{v}_r\boldsymbol{h}_s^{\mathrm{T}}$ heben Gebiete hervor, in denen sich die Zeichenklassen stark unterscheiden. Abb. 5.4 zeigt Gewichtsmatrizen, die zur Trennung der Segmentziffern 0 und 8 besonders gut geeignet sind. Dabei erfolgte in Abb. 5.4a die Belehrung des Filters mit allen Segmentziffern. In Abb. 5.4b wurde die Belehrung im Anschluß an den Belehrungszustand in Abb. 5.4a nur mit dem Klassenpaar 0/8 durchgeführt. Durch diese Maßnahme wird das klassenunterscheidende Gebiet stärker ausgeprägt.

Für die Unterteilung des Merkmalsraums in Klassen- und Rückweisungsgebiete werden die in Abschnitt 4.2.3.3. beschriebenen MSE verwendet. Jeder Klasse k der K Klassen wird ein Parallelepiped der Dimension D des Merkmalsraums zugeordnet. Die Basisvektoren der Parallelepipede sind parallel zu der Richtung $\boldsymbol{w}^*$ in den Gewichtsvektoren $\boldsymbol{w}$ der MSE. Die D Diskriminanzfunktionen d_t werden durch die Projektion des Merkmalsvektors $\boldsymbol{x}$ (mit den linear angeordneten Komponenten x_{rs}) auf die Richtung $\boldsymbol{w}_t^*$ (mit den linear angeordneten Komponenten w_{trs}) beschrieben:

$$d_t = \boldsymbol{w}_t^{\mathrm{T}}\boldsymbol{x} = \sum_{r=1}^{R} \sum_{s=1}^{S} w_{trs}x_{rs}, \qquad t = 1, \ldots, D.$$

Für den hier vorliegenden Fall linear separierbarer Klassenpaare in der Zeichenstichprobe wird als globales Kriterium zur Optimierung der Diskriminanzfunktionen die „Maximierung der minimalen Totzone“ gewählt, d. h., die Diskriminanzfunktionen sind so zu bestimmen, daß jedes der $K\,(K-1)/2$ Klassenpaare durch mindestens eine Diskriminanzfunktion separiert und der kleinste Abstand (Totzone) zwischen den Klassenpaaren maximal wird (Maximin-Optimierung). Der Lernalgorithmus für die MSE ist in Abschnitt 4.2.3.4. beschrieben.

Für die Festlegung der Schwellen o_{kt} (Schwelle oberhalb der Klasse k zu der Richtung $\boldsymbol{w}_t^*$) und u_{kt} (Schwelle unterhalb der Klasse k zu der Richtung $\boldsymbol{w}_t^*$) werden nicht die durch Belehrung der MSE ermittelten Schwellenwerte verwendet. Stattdessen wird die Lernstichprobe auf die mit den MSE ermittelten Richtungen projiziert und für jede Klasse und Richtung die Verteilung durch eine eindimensionale Normalverteilung approximiert. Mit dem Fehlerintegral werden zunächst Werte für die Schwellen zu jeder Klasse und jeder Richtung so berechnet, daß die Auftretenswahrscheinlichkeit eines Klassenobjekts außerhalb der Klassengrenzen kleiner gleich einem vorgegebenen Wert P_{A} wird.

Dann werden die Werte der Schwellen für diejenigen Klassenpaare, die durch dieselbe Richtung separiert werden, mittels der Rückweisungsbedingung in der Entscheidungsregel (4.16) in Abschnitt 4.2.1. berechnet. Wo sich die Klassengrenzen (der durch diese Richtung separierten Klassenpaare) gemäß der Auftretenswahrscheinlichkeit überdecken, werden die durch die Rückweisungsbedingung ermittelten Werte für die Schwellen verwendet.

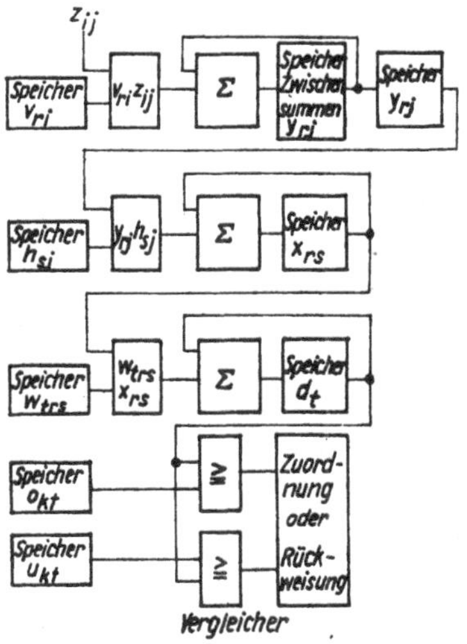

Abb. 5.5. Prinzipschaltbild der Erkennungseinheit

Günstig für eine einfache Realisierung erweist sich, daß für die unterschiedlichen Schriftarten dieselbe Verarbeitungseinheit verwendet werden kann. Nur durch Umschalten von Speicherbereichen für die Parametersätze lassen sich unterschiedliche Schriftarten ohne zusätzlichen Aufwand verarbeiten. Der Schaltungsaufwand hängt im wesentlichen von den gewählten Wertebereichen für die Parameter und von der Anzahl der Spalten- und Zeilenvektoren im Merkmalsfilter ab. Die Simulationen zeigten, daß noch bei einem Raster von 32×32 für die abgetasteten Zeichen eine Stellenzahl für die Komponenten der $\boldsymbol{v}$, $\boldsymbol{h}$ und $\boldsymbol{w}$-Vektoren von 4 Bit und für die Schwellen von 8 Bit ausreichend ist. Die Anzahl der $\boldsymbol{v}$- und $\boldsymbol{h}$-Vektoren wurde jeweils auf $R = S = 4$ festgelegt, die Anzahl der $\boldsymbol{w}$-Vektoren auf $D = 16$.

Im Bild 5.5 ist das Prinzipschaltbild der aufgebauten *Erkennungseinheit* dargestellt. In den oberen Blöcken werden Hilfssummen $y_{rj} = \sum_{i=1}^{32} v_{ri} z_{ij}$ gebildet. Dazu werden nacheinander die Produkte $v_{ri} z_{ij}$ für eine Zeichenspalte j gebildet und in der Summationseinrichtung zum Inhalt des Zwischenspeichers addiert. Nach der Verarbeitung aller Rasterpunkte einer Spalte des Zeichens werden die y_{rj}-Werte in einen weiteren Speicher übernommen, aus dem sie zur Bildung der Merkmale x_{rs} abgerufen werden. Gleichzeitig wird in den oberen Blöcken die nächste Zeichenspalte verarbeitet. Die berechneten x_{rs}-Werte werden anschließend mit den zugehörigen Parametern w_{trs} multipliziert, und die Produkte werden zur Bildung der d_t aufsummiert. Mit Vergleichern werden diese d_t-Werte mit den oberen und unteren Schwellenwerten verglichen und eine Klassenzuordnung oder Rückweisung vorgenommen.

Die Erkennungseinheit wurde mit einer Segmentzeichenstichprobe aus einem breiten Kreis von Schreibern simuliert und praktisch getestet. Aus einer Stichprobe von 160 Zeichen/Klasse wurden 65/Klasse als Lernmenge zur Parameteroptimierung und 95/Klasse als Testmenge verwendet. Die Parameter Kostenverhältnis c, A-priori-Wahrscheinlichkeit $P(k)$ und Grenze der Auftretenswahrscheinlichkeit P_A wurden folgendermaßen festgelegt:

$$c = 1/100, \quad P(k) = \text{konst.} = 1/14, \quad P_A = 10^{-5}.$$

Für 91 zu separierende Klassenpaare stehen 16 MSE zur Verfügung. Beispielsweise dient die Richtung 13 zur Separation der Klassenpaare 3/4, 4/7, 6/12, 7/10, 7/12 und 9/10. In Abb. 5.6 ist die Verteilung der auf die Richtung 13 projizierten Stichproben zu den Klassen 3, 4, 6, 7, 9, 10 und 12 dargestellt. Die untere Schwelle $u_{10\,13}$ der Klasse 10 wird durch die Klassen 7 und 9 und die obere Schwelle $o_{9\,13}$ der Klasse 9 wird durch die Klasse 10 gemäß Rückweisungsbedingung bestimmt. Die anderen durch die Rückweisungsbedingungen bestimmten Schwellen führen zu Auftretenswahrscheinlichkeiten $< 10^{-5}$ im Rückweisungsgebiet und werden wie die Schwellen der Klassen 0, 1, 2, 5, 8, 11 und 13 durch die 10^{-5} Begrenzung fixiert.

Schätzwert der Rückweisungsrate ist 1×10^{-3}. Die mit der Testmenge im simulierten System ermittelte Rückweisungsrate ist 4×10^{-3}. Der Schätzwert für die Fehlklassifikationsrate ist 2 Größenordnungen geringer als der Schätzwert für die Rückweisungsrate. Der Test mit dem realisierten System ergab eine Rückweisungsrate von 6×10^{-3} und bei dreifachem Durchlauf der Belege mit rückgewiesenen Zeichen eine verbleibende Rückweisungsrate von 2×10^{-3}. Für die Maschinenschriften OCR-A und OCR-B ergaben sich als Schätzwerte für die Rückweisungs-

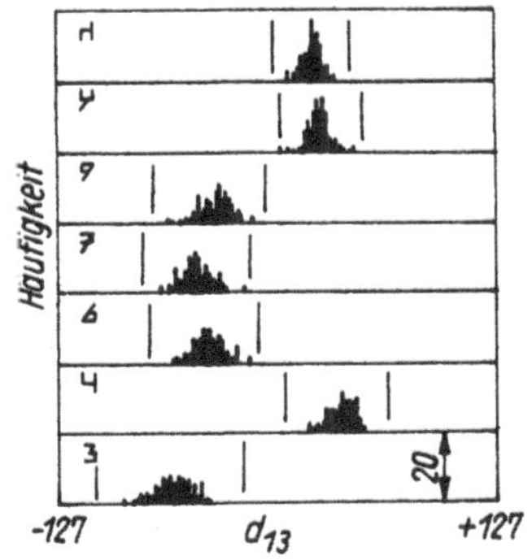

Abb. 5.6. Häufigkeitsverteilung und Schwellen zu den Klassen 3, 4, 6, 7, 9, 10, 12 für die Diskriminanzfunktion d_{13}

rate $\lessgtr 10^{-4}$ und für die Fehlklassifikationsrate $\lessgtr 10^{-6}$. Exaktere Aussagen zur Leistungsfähigkeit erfordern wesentlich umfangreichere Datensätze.

5.1.3. *Belehrbare Erkennungseinheit*

Mit dem Programm SWAMI (Software Aided Multifont Input) gibt SCAN DATA (USA) den Anwendern seiner OCR-Systeme die Möglichkeit, den Umfang lesbarer Zeichen selbst zu erweitern. Die Erkennung zusätzlicher Zeichen bzw. weiterer Schriftarten kann vom System erlernt werden. Das Erkennungsverfahren basiert auf einer Verknüpfung von *Hardware-* und *Software-Erkennung*. Die Hardware extrahiert charakteristische Zeichenmerkmale aus dem Rasterbild, wie Bögen, Ecken, Verzweigungen usw. (Abb. 5.7).

Mit der Software werden die Zeichenmerkmale mit den typischen Merkmalskombinationen der verschiedenen Zeichen verglichen: Für die vom Hersteller benannten Schriftarten sind diese Merkmalskombinationen zu jedem Zeichen fest verdrahtet. Sollen weitere Zeichen mitaufgenommen werden, so werden mit Hilfe des Programms SWAMI die für ein zu ergänzendes (neues) Zeichen festgestellten Merkmalskombinationen in einer Definitionstabelle gespeichert.

Die neu aufzunehmenden Zeichen werden dem System als kleine Stichprobe auf einem „Lernblatt“ vorgelegt. Wird ein angebotenes Zeichen weder mittels der fest verdrahteten Merkmalskombinationen noch durch die in der Definitionstabelle

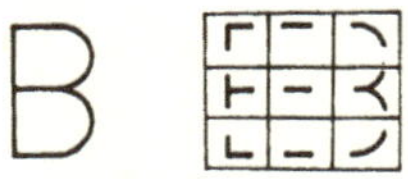

Abb. 5.7. Extraktion charakteristischer Zeichenmerkmale

enthaltenen erkannt, so wird das Zeichen auf dem Bildschirm als Rückweisung angezeigt. Es besteht die Möglichkeit, dieses Zeichen in die Definitionstabelle neu aufzunehmen. Auf dem Bildschirm wird das der Merkmalsextraktion unterworfene Rasterfenster hervorgehoben. Der Bediener kann Zeichen ungenügender Qualität oder über das Fenster hinausragende Zeichen zurückweisen. Mit der Konsolschreibmaschine wird die Bedeutung eines neu aufzunehmenden Zeichens eingegeben.

Bei der Definition eines Zeichens muß gewährleistet sein, daß es keine zu große Ähnlichkeit mit einem bereits vorhandenen Zeichen anderer Bedeutung besitzt. Es können sowohl Handblockschriften als auch Maschinenschriften ergänzt werden.

5.2. *Teileerkennung für Industrieroboter*

5.2.1. *Einführung*

Die Flexibilität der zur Zeit im Einsatz befindlichen *Industrieroboter* wird im wesentlichen durch die Zahl ihrer Freiheitsgrade (Rotations- und Translationsachsen), die Art der Steuerung (Punkt-, Vielpunkt- und Bahnsteuerung) und die Freizügigkeit in der Programmierung (Art und Anzahl der Befehle) bestimmt.

Mit dem terminus technicus „*Teach In*“ wird die Belehrung eines Roboters für die Ausführung einer neuen Arbeitsaufgabe bezeichnet. Zwei „Teach In“-Techniken werden unterschieden. Spritzroboter mit Vielpunktsteuerung werden durch „Abfahren der Bahn" belehrt. Ein erfahrener Bediener führt mit der am Arm des Roboters befestigten Spritzpistole manuell alle für das sorgfältige Beschichten notwendigen Bewegungen aus. Die zur Bewegungsbahn gehörigen Gelenkpositionen des Armes und der Hand des Roboters werden als Punktfolge digital gespeichert. Die zeitliche Aufeinanderfolge der Punkte ist so festzulegen, daß die erforderliche Wiederholgenauigkeit in der Arbeitsphase (Auto-

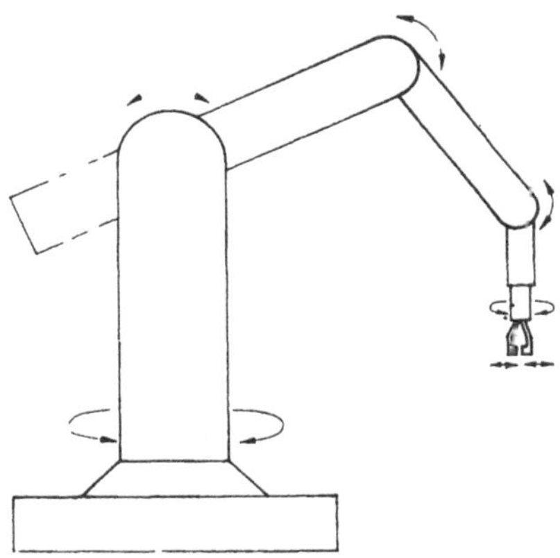

Abb. 5.8. Gelenkroboter mit 5 Drehachsen und Zange

matikbetrieb) erreicht wird (z. B. 50 Bahnpunkte/s). In der Arbeitsphase wird die Punktfolge mit derselben Geschwindigkeit vom Speicher ausgelesen und liefert für die Gelenke die Sollwerte. Die Differenz zwischen Soll- und Istposition der Gelenke bestimmt die Richtung und Geschwindigkeit der Bewegung. Von dem Speicher kann der Arbeitsablauf so oft wie gewünscht wieder abgerufen werden und erfolgt stets mit der gleichen Geschwindigkeit und Genauigkeit.

Industrieroboter mit Punktsteuerung für Handhabungsaufgaben (Montage, Punktschweißen) werden durch „*Anfahren und Abspeichern*" belehrt. Das *Handhabungsprogramm* wird durch Betätigen von Funktionstasten eines Programmiergerätes erzeugt. Mit den Funktionstasten können die Gelenke des Roboters in Abb. 5.8 einzeln oder auch kombiniert für horizontale oder vertikale Bewegungen der Hand angetrieben werden. Im Schrittbetrieb werden die für die Handhabung erforderlichen Positionen angefahren und abgespeichert. Für die Arbeitsphase sind nur die abgespeicherten Positionen relevant, der Weg zwischen diesen Positionen wird linear approximiert. Die Geschwindigkeit für den Bewegungsablauf kann eingestellt werden. Die Programmierung läßt zu, einzelne Phasen des Handhabungsprogramms unabhängig von ihrer zeitlichen Reihenfolge einzulernen und zu testen. Das eigentliche Handhabungsprogramm wird aus den Einzelphasen zusammengesetzt, wobei wiederholt auftretende Phasen durch wiederholten Aufruf desselben Programmteils realisiert werden. Mittels peripherer Signale können über logische Bedingungen Sprünge im Programm und Warteschleifen erzeugt werden.

Die z. Z. im Einsatz befindlichen Industrieroboter arbeiten nahezu „blind und gefühllos". Für einen effektiven und flexiblen Einsatz in der Montage werden „Tast- und Sehsinn" gefordert. Eine typische Aufgabe für den Tastsinn ist das Fügen eines Bolzens in eine Bohrung. Sehsinn wird benötigt, um die Identität, Position und Orientierung eines bereitgestellten Teils zu bestimmen sowie Montageoperationen zu überwachen und zu steuern.

Die Fähigkeit zur Identifikation und Lageerkennung eines Teils entbindet von der Forderung, die Teile für die Handhabung in aufwendigen, dem Teilesortiment entsprechenden Ordnungseinrichtungen bereitzustellen. Das „Teach In" für das Handhaben eines Teils ist durch ein „Teach In" bestimmter Parameter des Teils zu erweitern. Im Unterschied zur Schriftzeichenerkennung kann hierbei die Stichprobe auf eine oder wenige Aufnahmen des Teils begrenzt werden.

Den Prototyp eines *visuellen Erkennungssystems* zeigt das Schema in Abb. 5.9. In der Lernphase wird dem System die für die Arbeitsphase notwendige Kenntnis durch Vorzeigen der Objekte und Einlernen von Objektparametern, im einfachsten Fall auf der Basis der Silhouette, vermittelt. Die gestrichelten Verbindungen zwischen den Systemblöcken sind in der Lernphase aktiv.

Betrachten wir die Aufgabe, vereinzelte Teile aus einem vorgegebenen Teilesortiment definiert zu greifen. Dazu ist die Erkennung des Teils und seiner Lage (Lage = Position + Orientierung) erforderlich, um den für eine Bezugslage eingelernten Greifpunkt auf die vorliegende Lage umrechnen zu können. Ausgangspunkt für die Erkennung ist z. B. ein Schwarz-Weiß-Rasterbild oder die Kontur der Silhouette. Werden die Teile durch einen Anschlag ausgerichtet, so kann durch Vergleich der Rasterbilder des Ob-

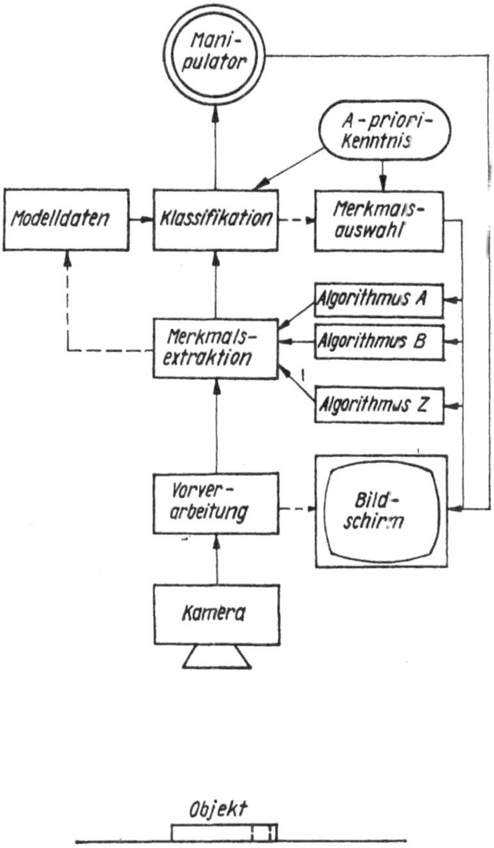

Abb. 5.9. Prototyp eines visuellen Erkennungssystems

jekts und der Repräsentanten zu den Vorzugsorientierungen Teil und Lage direkt bestimmt werden. Bei unausgerichteten Teilen werden Teil- und Lageerkennung so aufgegliedert, daß zunächst anhand von morphometrischen Merkmalen (z. B. Fläche, Umfang) das Teil bezüglich seiner Auflage klassifiziert und dann mittels Lagemerkmalen (z. B. Vektor vom Flächenschwerpunkt zum Lochschwerpunkt) seine Position und Orientierung bestimmt wird. Für die Merkmalsbildung sind entsprechende Algorithmen bereitzustellen, im Schema in Abb. 5.9 durch Algorithmen $A \cdots Z$ bezeichnet, als Klassifikatoren sind unter anderem der Parallelepiped-Klassifikator, der Repräsentanten-Klassifikator und Entscheidungsbäume geeignet.

Besteht die Möglichkeit, daß nicht zum Sortiment gehörende Teile auftreten, so sind Merkmale erforderlich, die das Teil identifizieren, ansonsten genügen Merkmale zur Unterscheidung der Teile des Sortiments. Entsprechende Vorgaben für die Merkmalsselektion und Wahl des Klassifikators sind dem System als A-priori-Information mitzuteilen.

Die Lernphase kann durch einen Bildschirm unterstützt werden. Klassenabstände, Alternativen zur Merkmalsauswahl, Prüfwerte werden dem Bediener über ein alphanumerisches Display angezeigt. Ein graphisches Display für interaktiven Betrieb kann zur Markierung von Merkmalskoordinaten für die Abspeicherung im Modell benutzt werden.

In den folgenden Abschnitten werden Erkennungsverfahren für ausgerichtete und unausgerichtete Teile behandelt. Die angegebenen Zeiten für die Auswertung der Rasterbilder beziehen sich auf

- ein Abtastraster 256 × 256, das durch die mit einem Mikrorechner gesteuerte Abfrage einer CCD-Zeile senkrecht zur Laufrichtung eines Transportbandes erzeugt wird [Fimmel, Pannowitsch, Uebel (1980)],
- die Bildspeicherung im „run-length code“, d. h., nur die Weiß-Schwarz- und Schwarz-Weiß-Übergänge (SWÜ) der Abtastzeilen werden gespeichert,
- den 8-Bit-Mikrorechner des K-1520-Systems.

5.2.2. *Mustervergleich*

Der *Mustervergleich* ist eine klassische Technik, um festzustellen, ob eine Szene ein bestimmtes Objekt enthält. Diese Technik ist besonders effektiv, wenn das gesuchte Objekt in nur wenigen Orientierungen in der Szene auftritt. Solch ein Fall liegt vor, wenn ein einzelnes Teil auf einem Transportband durch einen Anschlag orientiert wird (Abb. 5.10).

In der Lernphase werden die Schwarz-Weiß-Rasterbilder aller am Anschlag erzeugten unterschiedlichen Orientierungen einschließlich der digitalisierten Koordinaten des Flächenschwerpunkts gespeichert. Die Koordinatenachsen liegen parallel und senkrecht zum Anschlag. In der Arbeitsphase wird das Rasterbild der zur erkennenden Orientierung mit den Rasterbildern der gespeicherten Orientierungen (Repräsentanten) verglichen. Dazu werden die zu vergleichenden Rasterbilder so verschoben, daß ihre Schwerpunkte zur Deckung kommen.

Ein geeignetes Maß für den Vergleich der Rasterbilder ist die Anzahl unterschiedlicher Rasterpunkte, die HAMMING-*Distanz* HD. Werden die schwarzen und weißen Rasterpunkte mit $+1$

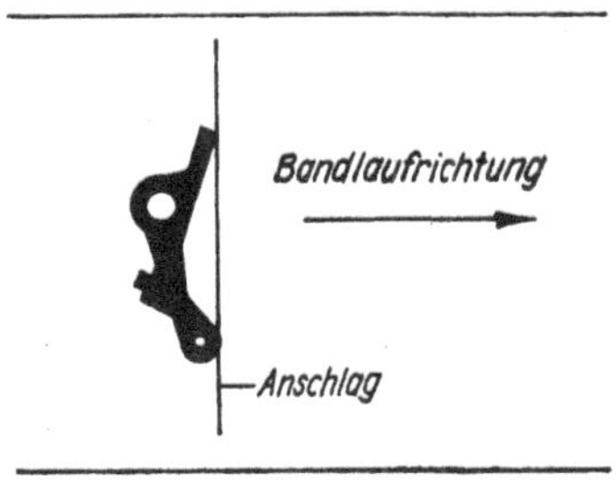

Abb. 5.10. Orientierung am Anschlag

und -1 gekennzeichnet, so besteht folgende Beziehung zwischen der HAMMING-Distanz und der quadratischen EUKLID*ischen Distanz* für das Objekt $\boldsymbol{x}$ und den Repräsentanten $\boldsymbol{r}$ im Rasterbildraum:

$$|\boldsymbol{x} - \boldsymbol{r}|^2 = 4\,\mathrm{HD}.$$

Eine Zuordnung nach der minimalen HD entspricht der in Abb. 4.14 dargestellten Unterteilung des Merkmalsraums. Wir versuchen jedoch, anhand von Modellvorstellungen die Klassengebiete so zu begrenzen, daß durch Rückweisungen Fehlklassifikationen nahezu ausgeschlossen sind.

Geringfügige Verschiebungen ($\leqq$ 1 Rasterpunkt) des Objekts gegenüber dem Raster erzeugen unterschiedliche Rasterbilder, und durch die Digitalisierung der Schwerpunktkoordinaten in Rastereinheiten ergeben sich bei dem Vergleich von Rasterbildern zur gleichen Orientierung HAMMING-Distanzen zwischen 0 und ΔHD. Für die näherungsweise Bestimmung von ΔHD verwenden wir folgendes Modell. Das Rasterbild des Repräsentanten wird mit dem Schwerpunkt nacheinander auf die 8 benachbarten Rasterplätze des Schwerpunkts verschoben und von den 8 HAMMING-Distanzen der Vergleiche wird die maximale dem Repräsentanten $\boldsymbol{r}_k$ der Klasse k als Radius $R(k)$ zugeordnet, d. h., das Klassengebiet wird durch eine Hyperkugel mit dem Radius $R(k)$ um den Repräsentanten $\boldsymbol{r}_k$ begrenzt. (Weitere Störungen können sich bei der Rasterbildaufnahme im Auflicht durch Reflektionen an der Teileoberfläche oder Schattenwurf an Löchern ergeben).

Tab. 5.1 zeigt für die 4 Orientierungen eines Schreibmaschinenteils am Anschlag charakteristische Werte in Rastereinheiten: Fläche F, Radius R und die symmetrische Abstandsmatrix HD $(\boldsymbol{r}_i, \boldsymbol{r}_j)$ zu den Repräsentanten der Klassen i und j. Die Klassengebiete überdecken sich nicht, da $\mathrm{HD}(\boldsymbol{r}_i, \boldsymbol{r}_j) > R(i) + R(j)$ ist.

Tabelle 5.1

Fläche F, Radius R und Abstandmatrix für die 4 Orientierungen am Anschlag

		F	R	1	2	3	4
1		1170	270		1320	1394	1023
2		1134	272	$\mathrm{HD}(r_1, r_2)$		840	1361
3		1146	284	$\mathrm{HD}(r_1, r_3)$	$\mathrm{HD}(r_2, r_3)$		1295
4		1125	270	$\mathrm{HD}(r_1, r_4)$	$\mathrm{HD}(r_2, r_3)$	$\mathrm{HD}(r_3, r_4)$	

Für die Erkennung einer dieser 4 Orientierungen werden ca. 100 ms benötigt. In dieser Zeit werden Fläche und Schwerpunkt berechnet und 4 Mustervergleiche durchgeführt.

5.2.2.1. Repräsentantenwechsel

Überdecken sich die Hyperkugeln zweier Repräsentanten, so hängt die Rückweisungsrate gemäß der Entscheidungsregel:

Wenn $\mathrm{HD}(\boldsymbol{x}, \boldsymbol{r}_k) \leqq R(k)$
und $\mathrm{HD}(\boldsymbol{x}, \boldsymbol{r}_i) > R(i)$ für alle $i \neq k$, so $\boldsymbol{x} \in$ Klasse k,
ansonsten Rückweisung,

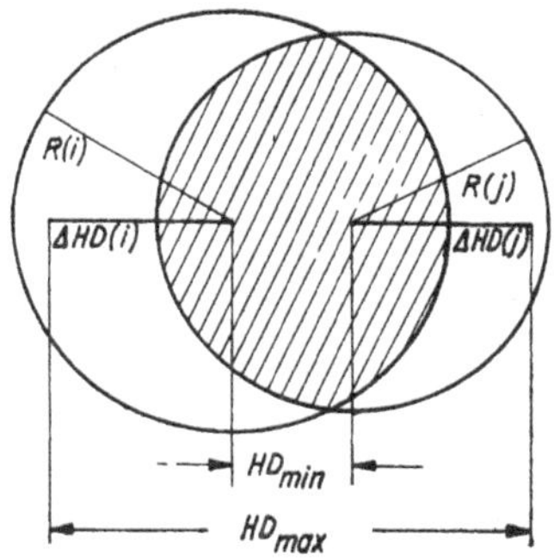

Abb. 5.11. Überdeckung der Klassengebiete bei verschiedenen HAMMING-Distanzen HD (für $\mathrm{HD}_{\min}$ skizziert)

von dem Abstand zwischen den Repräsentanten ab (Abb. 5.11). Die Repräsentantenmenge besteht aus Realisierungen einer Zufallsfolge. Liegen zwei Realisierungen $\boldsymbol{r}_i$ und $\boldsymbol{r}_j$ mit $\mathrm{HD}(\boldsymbol{r}_i, \boldsymbol{r}_j) = \mathrm{HD}_{\min}$ vor, so ist die Rückweisungsrate extrem hoch. Werden weiter voneinander entfernte Realisierungen gewählt, so sinkt die Rückweisungsrate.

Für die exakte Bestimmung der Repräsentanten zu $\mathrm{HD}_{\max}$ werden die paarweisen Abstände sämtlicher Realisierungen von $\boldsymbol{r}_i$ und $\boldsymbol{r}_j$ benötigt. Diese Realisierungen sind nicht bekannt. Eine praktikable Vorgehensweise ist der Austausch der Repräsentanten gegen andere Realisierungen mit dem Ziel der Abstandsmaximierung während der Arbeitsphase.

In der Arbeitsphase wird bei Erfüllung der Zuordnungsbedingung $\mathrm{HD}(\boldsymbol{x}, \boldsymbol{r}_k) \leqq R(k)$ für entweder $k = i$ oder $k = j$ geprüft, ob das Bild $\boldsymbol{x}$ eine gleich große oder größere HAMMING-Distanz zum Repräsentanten der anderen Klasse besitzt als der Repräsentant der eigenen Klasse. Ist das der Fall, so wird der Repräsentant der eigenen Klasse durch x ersetzt. Tab. 5.2 zeigt das Ergebnis für zwei kreisförmige Objekte mit geringem Unterschied in den Flächen. Die beiden Repräsentanten haben mittlere Kreisflächen $F_1 = 1594$ RP und $F_2 = 1782$ RP. Für die Repräsentanten mit HD $\approx$ HD$_{min}$ = 130 ergab sich eine mittlere Rückweisungsrate von 16,5% Der wesentlich höhere Anteil liegt bei dem Objekt mit der kleineren Kreisfläche. In Übereinstimmung mit den Modellvorstellungen in Abb. 5.11 greift der größere Radius weiter in das Klassengebiet des anderen Objekts hinein. Nach der Abstandsmaximierung ist HD $\approx$ HD$_{max}$ = 261 RP. Bei dieser Wahl der Repräsentanten überdecken sich die Hyperkugeln nur noch geringfügig. Die mittlere Rückweisungsrate geht auf 0,5% zurück.

Tabelle 5.2

Rückweisungen RW in Abhängigkeit von der Hamming-Distanz HD und dem Radius R der ausgewählten Realisierungen mit den Flächenwerten F in Rasterpunkten (RP)

⊢⊣ 2 cm	$\bar{F}$	F	R	HD	RW	F	R	HD	RW
①	1594	1622	128		30 von 100	1563	126		1 von 100
				130				261	
②	1782	1746	136		3 von 100	1816	138		0 von 100

Gleitende Mittelwertbildung aus den Realisierungen gemäß (4.38) ist eine Alternative, bei der nichtbinäre Rasterpunkte auftreten und Speicher- und Rechenaufwand eine Größenordnung höher liegen).

5.2.2.2. *Zeilenselektion mittels Suchverfahren*

Eine Reduktion des Aufwands an Speicherplatz und Rechenzeit ist durch Auswahl signifikanter Abtastzeilen mit den in Abschnitt 4.1.1. beschriebenen Suchverfahren möglich. Für die Selektion sind folgende Aspekte maßgebend. Der Beitrag einer Zeile z der SWÜ-Darstellung zur Unterscheidung zweier Objekte ist die HAMMING-Distanz der entsprechenden Zeile beider Rasterbilder. Die Bedeutung einer Zeile für die Identifikation eines Objekts wird durch ihren Streuwert für das Rasterbild des Objekts bestimmt. Für die Ermittlung der Streuwerte werden die Modellvorstellungen in folgender Art angewendet: Das Rasterbild des Repräsentanten der Klasse k wird mit dem Schwerpunkt nacheinander auf die 8 benachbarten Rasterplätze des Schwerpunkts verschoben und für jede Zeile z die dabei maximal auftretende HAMMING-Distanz gegenüber der Ursprungslage als extremes Streumaß $\mathrm{SM}(k, z)$ notiert. Als Gütewert einer Zeile z definieren wir

$$Q(z) = \min_{i,j} \left[(\mathrm{HD}(i, j, z) - \mathrm{SM}(i, z) - \mathrm{SM}(j, z)\right], \tag{5.1}$$

wobei $\mathrm{HD}(i, j, z)$ die HAMMING-Distanz zwischen den z-ten Zeilen für die Repräsentanten der Klassen i und j ist. Der Gütewert wird durch das Minimum über alle Klassenpaare $i, j = 1, \ldots, K$ bestimmt. Das Gütekriterium für die Auswahl einer Menge $\mathscr{Z}$ von m Zeilen kann als Maximin-Kriterium formuliert werden:

$$Q(\mathscr{Z}) = \max_{\mathscr{Z}} \min_{i,j} \left[\mathrm{HD}(i, j, \mathscr{Z}) - \mathrm{SM}(i, \mathscr{Z}) - \mathrm{SM}(j, \mathscr{Z})\right]. \tag{5.2}$$

Dabei setzen sich die Werte HD und SM für $\mathscr{Z}$ additiv aus den Werten von HD und SM für die in $\mathscr{Z}$ enthaltenen Zeilen zusammen. Im Falle von 2 Klassen ist die Auswahl von m aus n Zeilen durch die Anordnung der Gütewerte $Q(z)$ der Größe nach gegeben. Bei mehr als 2 Klassen wären zur Berechnung von $Q(\mathscr{Z})$ alle $\binom{n}{m}$ Komplexionen durchzumustern!

Als suboptimales Verfahren kann das *Anstiegsverfahren* eingesetzt werden. Zunächst wird die beste Zeile gemäß Kriterium (5.1) ausgewählt. Dann wird die nächste Zeile ausgesucht, die das neue Minimum maximiert, usw., bis m Zeilen vorliegen. Bei dem Abstiegsverfahren wird die Gesamtzahl der Abtastzeilen mit dem zugehörigen Gütewert als Ausgangspunkt genommen und schrittweise Zeilen unter der Bedingung der geringsten Abnahme bzw. größten Zunahme des Gütewerts entfernt.

Eine weitere Möglichkeit besteht in der Verbindung beider Strategien. Zunächst wird jeder Zeile z ein Gütewert

$$\tilde{Q}(z) = \sum_{\substack{i,j \\ i \neq j}} \left[\mathrm{HD}(i, j, z) - \mathrm{SM}(i, z) - \mathrm{SM}(j, z)\right]$$

zugeordnet, der im Unterschied zu dem Gütewert (5.1) die Zeile global bewertet. Die Zeilen werden der Größe ihrer Gütewerte $\tilde{Q}(z)$ nach angeordnet und die ersten m Zeilen ausgewählt. Dann wird für diese Menge $\mathscr{Z}$ von m Zeilen der Gütewert mit dem Maximin-Kriterium (5.2) berechnet und schrittweise Zeilen ausgewechselt, wenn dadurch eine Erhöhung des Gütewerts erreicht wird. Dabei können bereits ausgewechselte Zeilen wieder verwendet werden. Zyklen können nicht auftreten, wenn eine Erhöhung des Gütewertes gefordert wird.

Die drei beschriebenen Suchverfahren garantieren nur ein lokales Optimum. Solch ein lokales Optimum kann als erster Gütewert für den in Abschnitt 4.1.1. beschriebenen „Branch and Bound"-Algorithmus zur Suche des globalen Optimums verwendet werden. Für die Anwendung von „Branch and Bound" ist das Kriterium (5.2) in eine monotone Funktion von z zu überführen, was durch Addition von $2\left[\max_k \mathrm{SM}(k, z)\right]$ innerhalb der Klammern des Kriteriums (5.2) erreicht werden kann. Der Wert des lokalen Optimums erhöht sich dadurch um $2 \sum_{z \in \mathscr{Z}} \max_k \mathrm{SM}(k, z)$.

Für den Mustervergleich sind für jeden Repräsentanten r_k die Schwerpunktkoordinaten, die Adresse der ausgewählten Zeilen relativ zur Zeile mit dem Schwerpunkt, die SWÜ der ausgewählten Zeilen und die zulässige HAMMING-Distanz (z. B. $R(k) = \sum_{z \in \mathscr{Z}} \mathrm{SM}(k, z)$) zu speichern.

5.2.3. *Klassifikation mit morphometrischen Merkmalen*

Für die komprimierte Beschreibung von Maschinenteilen sind morphometrische Merkmale der Silhouette, wie Umfang, Fläche, Lochanzahl, Lochfläche, Verhältnis der Hauptträgheitsmomente und abgeleitete Merkmale – z. B. der Formfaktor $= U^2/(4\pi F)$ – geeignet. Diese Merkmale sind invariant gegenüber Rotation und Spiegelung der Silhouette. Ein ebenes Flachteil besitzt also für alle Orientierungen in seinen beiden stabilen Auflagen die gleichen Merkmalswerte. Existieren zu einem Teil stabile Lagen mit unterschiedlicher Silhouette, so ist für jede stabile Lage eine Klasse vorzusehen. Die Beschreibung eines Teils durch morphometrische Merkmale geschieht in Form eines Vektors der Merkmalswerte.

Klassifikationsverfahren mit parallelem Merkmalsangebot werden bevorzugt, wenn alle erforderlichen Merkmale ausreichend schnell bestimmt werden können. Ein besondes einfacher Klassifikator ergibt sich, wenn als Klassengebiete im Merkmalsraum achsenparallele Parallelepipede verwendet werden. Eine Normierung der Merkmale auf konstante Streuung ist in diesem Falle nicht erforderlich. Wird nach dem geringsten Abstand zum Repräsentanten klassifiziert, so sind die Merkmale auf konstante Streuung zu normieren. Eine Klassenabgrenzung gegenüber dem Rückweisungsgebiet kann durch eine Hyperkugel um den Repräsentanten realisiert werden.

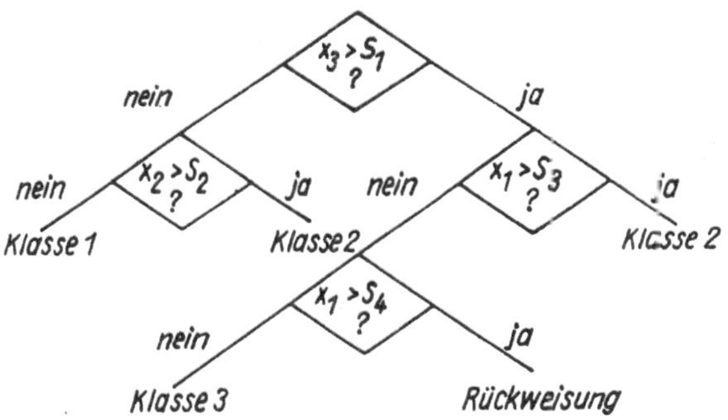

Abb. 5.12. Entscheidungsbaum mit den Tests Merkmal x_i > Schwelle S_j

Ist die Ermittlung der für die Klassifikation erforderlichen Merkmale mit erheblichen Rechenzeiten verbunden, so werden sequentielle Klassifikatoren eingesetzt (s. Abschnitt 4.2.3.4.), bei denen die Merkmalsauswahl durch den Klassifikationsprozeß gesteuert wird. Abb. 5.12 zeigt einen *Entscheidungsbaum*. Jenachdem, ob der Merkmalswert größer oder kleiner als eine vorgegebene Schwelle ist, wird nach rechts oder links im Baum fortgeschritten und das im neuen Testknoten geforderte Merkmal abgefragt. Die Endknoten geben die Teileklasse oder auch Rückweisung an. Bei diesem Entscheidungsbaum besteht der Nachteil, daß die den Endknoten zugeordneten Gebiete im allgemeinen nicht ausreichend begrenzt sind, so daß sich keine übersichtlichen Rückweisungsbedingungen ergeben und Fehlklassifikationen begünstigt werden. Diesen Nachteil vermeidet ein Verfahren, das nach der Abarbeitung des Entscheidungsbaums und Ermittlung einer möglichen Klasse k die Zuverlässigkeit dieser Aussage prüft (FLORATH (1980)].

Ziel der (automatisch ablaufenden) *Belehrungsphase* ist, den Entscheidungsbaum so zu konstruieren, daß der Erwartungswert für den mittleren Klassifikationsaufwand minimal wird und der Merkmalsraum so fein unterteilt wird, daß möglichst wenige Rückweisungen auftreten. Der Aufwand für eine Klassifikation wird im wesentlichen durch den Aufwand für die Berechnung der Merkmale bestimmt, die im Entscheidungsbaum bis zum Erreichen der entsprechenden Endknoten abgefragt werden. Der Aufwand für die Berechnung eines Merkmalswertes ist unter

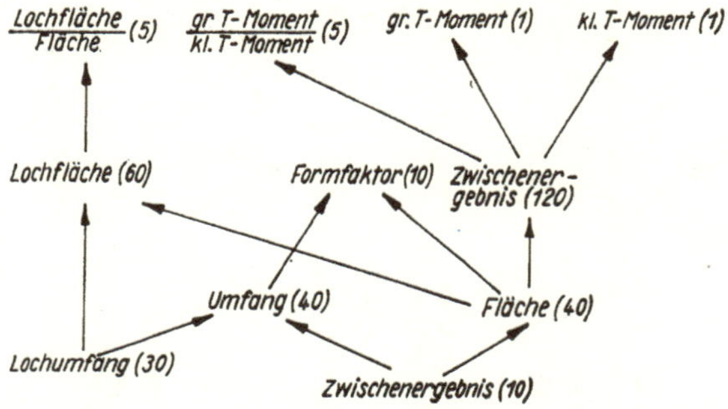

Abb. 5.13. Dynamische Merkmalskosten

anderem davon abhängig, welche anderen Merkmale oder Zwischenergebnisse zeitlich bereits vorher berechnet wurden und im Speicher verfügbar sind. Daraus ergeben sich dynamische Merkmalskosten. Abb. 5.13 zeigt die Beziehung zwischen den Merkmalen und ihren Berechnungskosten (in Klammern). Im aktuellen Fall ergeben sich die Merkmalskosten für ein Merkmal dadurch, daß ausgehend von dem Knoten zu dem Merkmal die Kostenwerte aller derjenigen Knoten summiert werden, die auf dem Wege zu diesem Knoten liegen und deren Wert noch nicht bestimmt ist.

Ausgangspunkt für die Konstruktion des Entscheidungsbaums sind die A-priori-Wahrscheinlichkeiten $P(1), \ldots, P(K)$, die in jedem aktuellen Knoten entsprechend den bis dorthin aufgetretenen Verzweigungen zu aktualisieren sind, um die Auftretenswahrscheinlichkeiten für die einzelnen Klassen an diesen Knoten zu erhalten. Für den Test in dem aktuellen Knoten kommen nur solche Merkmale und Schwellen in Frage, die die maximale Anzahl aktueller Klassen trennen. Von den geeigneten Tests wird derjenige mit minimalen Schätzkosten für den mittleren Klassifikationsaufwand ausgewählt. Dazu werden die dynamischen Kosten für diesen Test mit der Auftretenswahrscheinlichkeit der aktuellen Klassen multipliziert und die weiteren Klassifikationskosten zu den beiden Ausgangszweigen dieses Knotens geschätzt. Ein Endknoten wird erhalten, wenn nur noch eine Klasse vorliegt oder für jeden weiteren Test in den beiden auslaufenden Zweigen genau die gleichen Klassen wieder auftreten (Rückweisung).

Jedem Endknoten mit einer Klasse k wird ein *Zuverlässigkeitswert* η zugeordnet. Dieser Zuverlässigkeitswert η gibt an, um wieviel wahrscheinlicher die Klasse k gegenüber der Rückweisung auftritt. Für die Berechnung von η wird die Wahrscheinlichkeit der Klasse k und die Wahrscheinlichkeit der Rückweisung in dem durch den Endknoten repräsentierten Gebiet approximiert.

Wird in der *Arbeitsphase* ein Endknoten mit einer Klasse k und einem Zuverlässigkeitswert oberhalb einer vorgegebenen Schwelle erreicht, so wird die Klasse k bestätigt, andernfalls erfolgt eine genauere Prüfung, wobei η gemäß der Lage der getesteten Merkmalswerte im Klassengebiet von k präzisiert wird. Bleibt η auch dann noch unterhalb der vorgegebenen Schwelle, so erfolgt Rückweisung.

Lern- und Arbeitsphase wurden auf dem Mikrorechner implementiert. Bei einem Sortiment von 10 Maschinenteilen wurde für die Klassifikation im Mittel eine Zeit von 600 ms benötigt.

5.2.4. *Orientierungsbestimmung*

Im allgemeinen Fall sind die vom Roboter zu greifenden Teile nicht ausgerichtet. Die Lage eines Teils kann dann durch

- die Angabe der stabilen Auflage,
- die Position des Flächenschwerpunkts und
- die Richtung von Orientierungsmerkmalen charakterisiert werden.

Bei Flachteilen wird die Orientierung durch den Orientierungswinkel und die Angabe, ob das Teil mit der Vorder- oder Rückseite nach oben liegt, eindeutig festgelegt. Bei räumlichen Teilen werden die stabilen Lagen i. allg. mit je einem Orientierungswinkel eindeutig charakterisiert.

Ein lernfähiges Erkennungssystem zur Orientierungsbestimmung hat die Aufgabe, nach Vorlage des Teils die geeigneten *Orien-*

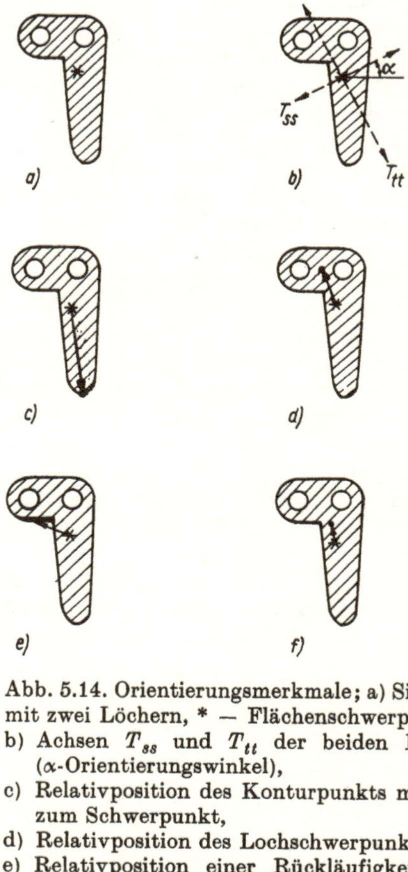

Abb. 5.14. Orientierungsmerkmale; a) Silhouette eines Flachteils mit zwei Löchern, * – Flächenschwerpunkt
b) Achsen T_{ss} und T_{tt} der beiden Hauptträgheitsmomente (α-Orientierungswinkel),
c) Relativposition des Konturpunkts mit maximalem Abstand zum Schwerpunkt,
d) Relativposition des Lochschwerpunkts,
e) Relativposition einer Rückläufigkeit
f) Relativposition des Konturschwerpunkts

tierungsmerkmale auszuwählen. Abb. 5.14 zeigt einige Merkmale [Rösler und Fritzsch (1980)]. Eine Hauptträgheitsachse (Abb. 5.14b) liefert einen bis auf modulo 180° bestimmten Winkel. Für die Beseitigung der Zweideutigkeit wird ein weiteres Merkmal benötigt, an das dann jedoch keine hohen Genauigkeitsforderungen mehr zu stellen sind. Bis zu einem Verhältnis der Hauptträgheitsachsen von 0,80 liefert dieses Verfahren Winkelabweichungen unter 2°. Nähert sich das Trägheitsellipsoid einer Kugel, so versagt diese Methode (z. B., wenn die Silhouette eine zwei- oder mehrzählige Drehachse besitzt).

Abb. 5.14c zeigt das aus dem maximalen Radiusvektor abgeleitete Merkmal. Es wird durch Maximumbildung aus den Abständen Flächenschwerpunkt-Außenkonturpunkte während des Konturumlaufs erzeugt. Weist die Silhouette gut detektierbare Löcher auf, so kann der Lochvektor verwendet werden (Abb. 5.14d). Er beginnt im Flächenschwerpunkt und endet im Schwerpunkt aller Lochflächen. Erst wenn der Betrag des Lochvektors vier Längeneinheiten des Rasters übersteigt, kann ein Winkelfehler von wenigen Grad erwartet werden.

Ein weiteres Orientierungsmerkmal läßt sich aus den Rückläufigkeiten gewinnen. Eine Rückläufigkeit ist wie folgt definiert. Durch den Konturumlauf wird auf der Kontur eine positive Richtung festgelegt. Die totale Winkeländerung während eines Umlaufs beträgt 2π. Bei vielen Teilen gibt es jedoch Abschnitte auf der Kontur, auf denen sich der umlaufende Radiusvektor zurückdreht. Sie heißen Rückläufigkeiten (s. Abb. 5.14e) und lassen sich mit relativ geringem Rechenaufwand pro Konturpunkt bestimmen.

Abb. 5.14f zeigt den Vektor vom Flächenschwerpunkt zum Konturschwerpunkt. Dieser Vektor ist die Resultierende aller Objektradien, die im Flächenschwerpunkt beginnen und an der Außenkontur enden, wobei die Objektradien je Konturlängeneinheit aufzutragen sind. Dieses Merkmal ist empfindlich gegenüber Konturveränderungen. Bei zwei- oder mehrzähliger Drehachse der Außenkontur entfällt dieses Merkmal.

Die Orientierungsmerkmale gemäß Abb. 5.14b bis f liefern eindeutige Aussagen, wenn nicht symmetrische Silhouetten — wie bei ebenen Flachteilen — auftreten.

Im Belehrungsverfahren ist demnach folgendes zu beachten: Bei Flachteilen sind grundsätzlich zwei Winkel zu ermitteln, um eine eindeutige Orientierung zu finden. Bei räumlichen Teilen ohne symmetrische, stabile Auflagen sind nur im Fall, daß das Orientierungsmerkmal aus den Trägheitsmomenten ermittelt wird, zwei Merkmale erforderlich. Das Einlernen der geeigneten Orientierungsmerkmale geschieht am besten im Dialogbetrieb mit dem Bediener. Das Belehrungsverfahren steuert die sequentielle Abfrage der Merkmale. Der Bediener entscheidet anhand der ermittelten Kennwerte oder auf Empfehlung des Systems über die Verwendung der einzelnen Merkmale.

In der Arbeitsphase wird anhand morphometrischer Merkmale das vorliegende Teil und seine stabile Auflage klassifiziert, wobei Auflagen mit symmetrischer Silhouette zunächst nicht unterschieden werden können. Für die so bestimmte Teileklasse werden die in der Lernphase als geeignet ausgewählten Orientierungsmerkmale berechnet. Flächenschwerpunkt und Orientierungswinkel liefern die Lage. Für eine Lagebestimmung werden 1 bis 2 s benötigt.

5.2.5. *Interaktive Belehrung*

Die bisher beschriebenen Erkennungsverfahren setzen alle voraus, daß die Modellparameter hinreichend gut ermittelt werden können. Ist das Objekt von dem Untergrund nicht an allen Stellen hinreichend gut unterscheidbar, oder überdecken sich Objekte, so kann anhand charakteristischer Konturstücke — z. B. Kreisbögen mit bestimmten Radien, Ecken mit bestimmten Winkeln und insbesondere die Aufeinanderfolge von Bögen, Strecken und Ecken — die Unterscheidung der Objekte und die Orientierungsbestimmung erfolgen.

In der Lernphase können solche charakteristischen Merkmale für die Objektmodelle durch Teilevereinzelung und kontrastreichen Untergrund ermittelt werden. Die Auswahl von Modellparametern kann interaktiv erfolgen. Die Silhouette des Objekts und ihr Schwerpunkt werden auf einem Display für interaktiven Betrieb angezeigt. Der Bediener markiert mit einem Lichtgriffel gut detektierbare Löcher und andere Charakteristika der Kontur. Der Vektor vom Schwerpunkt zum Merkmal und das Merkmal werden im Modell gespeichert. Entfällt der Schwerpunkt als Bezugspunkt, was bei der Bestimmung eines einzelnen Teils aus überdeckten Teilen der Fall ist, so sind auch die räumlichen Relationen zwischen Ecken, Kanten und Bögen als Modellparameter zu speichern. Wird die Streuung dieser Modellparameter durch wiederholte Abtastung bei veränderter Lage des Teils im Bildfeld ermittelt, so läßt sich eine Rangfolge der Parameterabfrage für die Arbeitsphase erlernen.

In der Arbeitsphase wird die Erkennung „modellgesteuert" durchgeführt. Zunächst wird geprüft, ob aus der Silhouette mit den oben beschriebenen Verfahren eine Objekterkennung und Orientierungsbestimmung möglich ist. Ist das nicht oder nur begrenzt möglich, so wird die in den Modellen gespeicherte Abfolge von Konturcharakteristika gesucht.

Für die modellgesteuerte Erkennung existieren noch keine fertigen Rezepte. Nach Ansicht der Autoren werden heuristische Vorgehensweisen hier auch in Zukunft wesentliche Bedeutung haben. Die Rechnerprogramme sind so aufzubereiten, daß vom Bediener keine besonderen rechentechnischen Kenntnisse verlangt werden. Ein gutes Problemwissen sollte ihn befähigen, die Bildschirmanzeige zu einer effektiven Steuerung der Belehrung auszunutzen.

5.3. *Fernerkundung der Erde*

5.3.1. *Einführung*

Multispektralaufnahmen aus Flugzeugen und Satelliten liefern Daten für die Erforschung und Kontrolle der Erde. Diese betreffen z. B.

— Lagerstätten und Rohstoffverteilungen,
— Art, Reifegrad und Schädlingsbefall landwirtschaftlicher Kulturen,
— Art und Beschaffenheit des Waldbestands,
— Süßwasservorräte und
— Umweltverschmutzung.

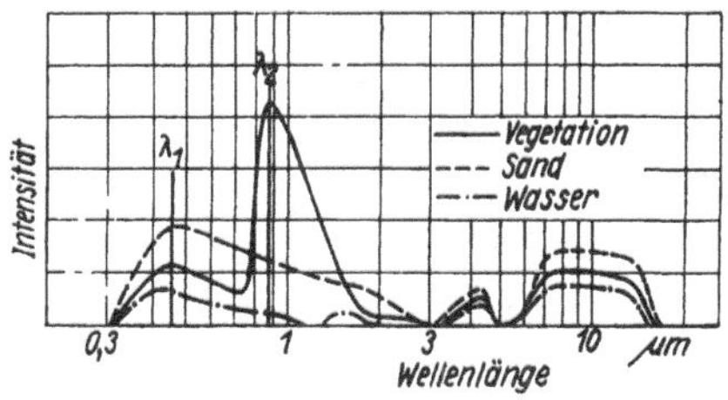

Abb. 5.15. Typische relative Signalkurven für verschiedene Materialien [nach LANDGREBE (1972)]

Die dabei periodisch anfallenden Datenmengen großen Umfangs — speziell in den Ländern großer Ausdehnung — verlangen eine automatisierte Auswertung.

Das Prinzip der Fernerkundung beruht darauf, daß die spektralen, räumlichen und zeitlichen Variationen der reflektierten und absorbierten elektromagnetischen Energie durch physikalische Objekte charakteristisch für diese Objekte ist. Insbesondere die in dem Wellenlängenbereich von 0,3—14 μm reflektierte und emittierte Strahlung gibt über die Vegetation, Bodenbeschaffenheit und andere Merkmale des Terrains Auskunft (Abb. 5.15).

Die in den Fernerkundungssatelliten SOJUS eingesetzte Multispektralkamera und die in LANDSAT eingesetzten Multispektral-

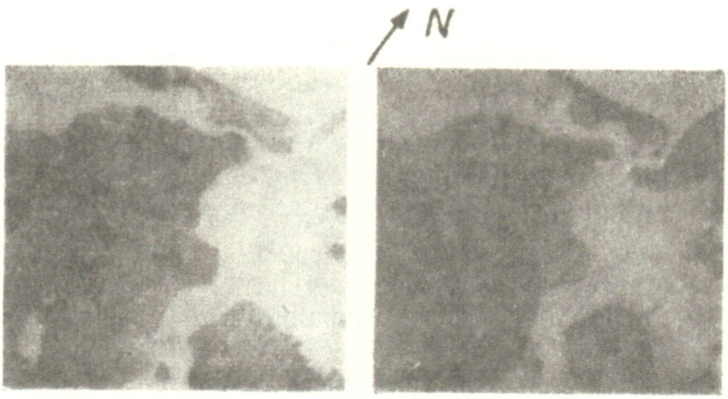

Abb. 5.16. Aufnahmen mit der MKF-6M im 3. und 6. Spektralbereich (Bildlabor des Zentralinstituts für Kybernetik und Informationsprozesse)

scanner arbeiten mit 6 bzw. 4 Spektralbanden im Bereich von 450 bis 1100 nm und einer auswertbaren Bildpunktgröße am Boden von ca. 500 m². Von den 6 Spektralbereichen der Multispektralkamera MKF-6M nimmt der dritte etwa von 570—630 nm und der sechste etwa von 780—900 nm Strahlung auf. Aufnahmen des Gebiets zwischen Stralsund, Hiddensee und dem Grabow in dem 3. und 6. Spektralbereich zeigt die Abb. 5.16[1]). Der 6. Spektralbereich enthält die Wellenlänge λ_2 aus Abb. 5.15 und liefert ansteigende Grauwerte in der Folge Wasser, Sand, Vegetation. Das Wasser hebt sich hell ab. Im Süden ist die Insel Dän-

---

[1]) Diese Bilder bestehen aus ca. 40000 Bildpunkten, die digital gespeichert vorliegen und die mit dem FEAG des VEB KOMBINAT CARL ZEISS JENA mittels intensitätsgesteuertem Laserstrahl auf Fotoplatten ausgegeben wurden.

holm mit schwach angedeutetem Rügendamm zu erkennen. Im Nordosten ragt der Sandstreifen des Gellen (Südspitze Hiddensees) ins Bild, im Nordwesten ein Waldgebiet des östlichen Teils der Halbinsel Zingst. Im 3. Spektralbereich der Abb. 5.16 gehört zu dem Sand der stärkste Grauwert, und zwischen Vegetation und Wasser besteht nur noch geringer Kontrast. Das starke Signal des Sands wird an den Untiefen besonders deutlich.

Jedem Bildpunkt (Pixel) wird ein Merkmalsvektor mit den Intensitäten der Spektralbanden als Komponenten zugeordnet.

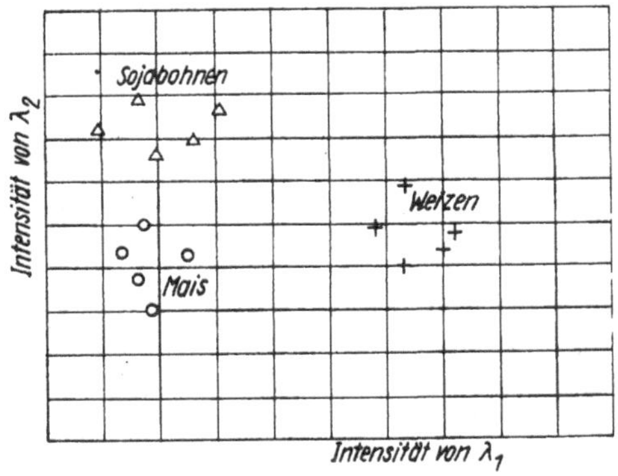

Abb. 5.17. Die Merkmalsvektoren zu gleichen Anbauprodukten liefern Cluster [nach LANDGREBE (1972)]

Die Aufnahmen von verschiedenen Feldern mit gleichen Anbauprodukten liefern Cluster (Abb. 5.17). Die verschiedenen Werte für ein Anbauprodukt sind auf unterschiedliche Standzeiten, Bodenaufbereitung und Feuchtigkeit sowie unterschiedliche Aufnahmebedingungen zurückzuführen. Im allgemeinen werden mehr als zwei Spektralbanden, d. h. höherdimensionale Räume verwendet.

Die zeitlichen Änderungen der Spektraldaten liefern weitere wesentliche Informationen. So besitzt das Digital Image System 101[1]) auch Anwenderprogramme für die 4 Dimensionen Bildkoordinaten x, y, Spektralband und Zeit. Zu der Anwendersoft-

[1]) Das Digital Image System 101 wurde von der Stanford Technology Corporation/Californien entwickelt.

ware gehören

- Verfahren zur Trainingssatzauswahl,
- Maximum-Likelihood-Klassifikator,
- Repräsentantenklassifikator,
- Parallelepiped-Klassifikator,
- Iterativer Cluster-Algorithmus,
- Karhunen-Loève-Transformation der Spektralkanäle.

5.3.2. *Trainings- und Klassifikationsverfahren*

Zunächst ist ein geeigneter Trainingssatz auszuwählen, der für die zu unterscheidenden Klassen charakteristisch ist. Für die Erzeugung der Stichprobe sind zwei Wege typisch. Bei Verwendung einer Datenbank wird ein geeignetes Trainingsensemble zu den vorgegebenen Klassen abgerufen. Selbst bei einer umfangreichen Datenbank hat diese Vorgehensweise den Nachteil, daß spezielle Aufnahmebedingungen, wie der Zustand der Atmosphäre, Stand der Sonne, Betrachtungswinkel und mögliche saisonbedingte Variationen nicht übereinstimmen. Daher ist dieser Weg auf relativ leicht zu unterscheidende Klassen beschränkt.

Der andere Weg ist die Auswahl einer Stichprobe aus den zu analysierenden Aufnahmen selbst. Dabei wird der Nachteil unterschiedlicher Aufnahmebedingungen vermieden, jedoch ist die Kenntnis von Bodendaten zu Teilen des aufgenommenen Gebietes Voraussetzung. Anhand von Bodenkarten werden entsprechende Pixel aus den Multispektraldaten klassifiziert und für die Stichprobe zur Ermittlung von Spektralklassen ausgewählt.

Die Vorgehensweise in dem System LARSYS[1]) ist folgende:

1) Definition der Spektralklassen für die zu identifizierenden Objekte,
2) Ermittlung bestimmter statistischer Parameter zu den Spektralklassen,
3) Training eines Erkennungsalgorithmus unter Verwendung der statistischen Parameter,
4) Klassifikation jedes Pixels,
5) Kartierung der Ergebnisse.

In dem überwachten Training werden Gebiete bekannter Bedeckung durch den Bearbeiter ausgewählt, und der Computer

[1]) Das System LARSYS wurde im Laboratory of Remote Sensing an der Purdue University/Indiana entwickelt.

bestimmt die statistischen Daten und die Klassenzugehörigkeit, die dann wieder durch den Bearbeiter beurteilt wird.

Bei dem unüberwachten Training gibt der Bearbeiter nur die Anzahl der Spektralklassen vor, in die die Daten einzuteilen sind. Die anschließend durch den Cluster-Algorithmus definierten Spektralklassen werden für die Klassifikation des Gebiets bekannter Bedeckung verwendet. Anhand der Bedeckungskarten ist zu prüfen, inwiefern die so definierten Spektralklassen auch Bedeckungsarten beschreiben. Gegebenenfalls sind die vorgegebene Anzahl zu ändern, nicht relevante Spektralklassen zu entfernen, Spektralklassen zusammenzufassen oder andere Modifikationen vorzunehmen.

5.3.3. *Ernteidentifikation aus Multispektraldaten*

Tab. 5.3 gibt anhand eines Beispiels Einblick in die Leistungsfähigkeit verschiedener *Klassifikationsverfahren* [Scholz, Fuhs, Hixon (1979)]. Die 3 Gebiete mit Mais- und Sojabohnen als Hauptanbauprodukte unterscheiden sich durch Bodenbeschaffenheit, Klima und Bearbeitungsmethoden. Die Aufnahmen sind von Landsat-1, -2 und -3. Lern- und Teststichprobe sind von gleichem

Tabelle 5.3
Korrekte Zuordnung in % für drei Testgebiete [Scholz, Fuhs, Hixon (1979)]

Gebiet		Klassifikator			
		Minimal-Distanz	Maximum Likelihood	Entscheidungs-Baum	Echo
I	Mais	81,9	81,2	63,9	77,3
	Sojabohnen	82,0	77,0	76,8	70,7
	Anderes	85,5	88,6	91,3	87,8
	Insgesamt	83,5	83,0	80,5	79,5
II	Mais	98,7	97,2	95,7	98,2
	Sojabohnen	92,0	89,8	92,3	90,2
	Anderes	85,3	98,0	97,5	97,1
	Insgesamt	94,9	94,7	94,7	95,4
III	Mais	97,1	95,1	94,5	96,1
	Sojabohnen	89,3	92,9	98,2	95,4
	Anderes	75,5	83,7	88,2	79,4
	Insgesamt	90,0	91,7	93,3	91,5

Umfang. Die Lernstichprobe wurde mit einem Clusterverfahren in Subklassen unterteilt, aus denen sich die 3 zu unterscheidenden Klassen zusammensetzen. Die verschiedenen Klassifikationsverfahren sind:

1) Maximum-Likelihood-Klassifikator unter der Annahme von Normalverteilungen (MAXIMUM-LIKELIHOOD),
2) Minimale EUKLIDische Distanz zum Klassenschwerpunkt (MINIMAL-DISTANZ),
3) Entscheidungsbaum mit optimaler Untermenge von Merkmalen an jedem Knoten für die Unterscheidung von Spektralklassen (ENTSCHEIDUNGSBAUM),
4) Maximum-Likelihood-Klassifikation nach Zusammenfassung von Pixeln in Zellen und homogenen Zellen zu homogenen Gebieten (ECHO).

Das Verfahren ECHO (**E**xtraction and **C**lassification of **Ho**mogeneous **O**bjects) [LANDGREBE (1980)] geht über die pixelweise Klassifikation hinaus, indem räumliche Beziehungen zwischen den Pixeln einbezogen werden. Das Prinzip ist

a) die Segmentierung der Szene in Objekte aus sich berührenden Pixeln, die in ihrer spektralen Charakteristik statistisch homogen sind, und
b) die Klassifikation des jeweiligen Objektes durch Vergleich seiner Statistik mit derjenigen der Klassen der Lernstichprobe.

Offenbar zeigen alle vier Klassifikatoren trotz unterschiedlicher Komplexität etwa die gleiche Leistungsfähigkeit. Entscheidend für die Erkennungsleistung ist die sorgfältige Auswahl der Lernstichprobe.

6. Ausblick

Mit den hier vorgestellten Lernverfahren ist nur ein Teil möglicher Vorgehensweisen zum Aufbau lernfähiger Systeme betrachtet worden. Lernverfahren wurden bisher vorwiegend für die iterative Bestimmung optimaler Parametersätze genutzt. Neben der Mustererkennung in der Schriftzeichen-, Bild- und Spracherkennung und entsprechenden Aufgaben in anderen Bereichen wie Medizin, Biologie und Chemie werden auch in der Steuerungs- und Reglungstechnik Lernverfahren behandelt.

Waren auch die ersten Modelle lernfähiger Systeme auf der

Grundlage einfacher Schaltungen realisiert worden, so steht gegenwärtig die Simulation auf dem Digitalrechner in der Regel am Anfang der Ausarbeitung eines lernfähigen technischen Systems. Mit der breiten Verfügbarkeit einer leistungsfähigen Mikrorechentechnik, die insbesondere auch eine interaktive Arbeitsweise erlaubt, ist eine Grundlage für die breite Verwendung von Lernverfahren zur Prozeßoptimierung gegeben.

Am Beispiel der Bildverarbeitung wurde gezeigt, wie sich Lernverfahren im interaktiven Betrieb für die Datenauswertung einsetzen lassen. In ähnlicher Weise werden sie bei der Prozeßführung eine Rolle spielen, zum einen durch die Übernahme von Erfahrungen mittels Belehrung, zum anderen durch eine laufende Nachführung in Abhängigkeit von der Bewertung des vom Prozeß erhaltenen Ergebnisses (Chargenbewertung, Qualitätskontrolle u. ä.).

Zu dem Spektrum der Verfahren, die über Objektmengen arbeiten, die durch Vektoren im EUKLIDischen Raum dargestellt werden, kommen solche hinzu, die auf strukturelle Beschreibungen wie Graphen, Grammatiken, Regelmengen u. ä. aufbauen. So können auch Aufgaben mit Lernverfahren behandelt werden, bei denen die Objekte (Begriffe) in einer abstrakten, symbolischen Weise beschreibbar sind. (Erlernen einer Grammatik aus einer Menge vorgegebener Sätze, Erlernen von Analogien (Regeln) aus einer Menge vorgegebener Beispiele). Es werden auch Bereiche erfaßt, in denen nicht nur determinierte Entscheidungen sondern auch unscharfe Entscheidungen zugelassen sind.

Mit der Verfügbarkeit derartiger Lernverfahren und der Erweiterung des Einsatzes komplexer autonom arbeitender Systeme werden Lernverfahren verstärkt Einzug in die Technik halten. Insbesondere bei selbständig agierenden Systemen, wie z. B. mobilen Robotern ist die Integration von Lernverfahren unerläßlich, weil nicht alle Situationen mit der jeweils zweckmäßigen Reaktion zuvor im Steuerungssystem des Roboters vorgesehen werden können.

7. Literatur

ANDERBERG, M. R.: Cluster Analysis for Applications. Academic Press, New York 1973

BLAYDON, C. C./KASHYAP, R. L./FU, K. S.: Applications of the Stochastic Approximation Methods, in: Adaptive, Learning and Pattern Recognition Systems-Theory and Applications (Mendel, J. M./Fu, K. S.), Academic Press, New York 1970

DUDA, R. O./HART, P. E.: Pattern Classification and Scene Analysis. J. Wiley & Sons, New York 1973

EL-FATTAH, Y. M./FOULARD, C.: Learning Systems: Decision, Simulation, and Control. Springer, Berlin 1978

FIMMEL, B./FRITZSCH, K./SCHOENBORN, W./SCHWARZE, G.: Eine Erkennungseinheit für die Klarschriftlesung. Nachrichtentechnik · Elektronik **29** (1979) 112–116

FIMMEL, B./PANNOWITSCH, H.-J./UEBEL, W.: A Vision System for Real Time Handling and Recognition of Industrial Parts. I. Intern. Conf. Artificial Intelligence and Information – Control Systems of Robots. Smolenice (CSSR) 1980

FIMMEL, B.: Realisierungsmöglichkeiten lernfähiger Systeme mit integrierten Halbleiterschaltkreisen, in: Kybernetikforschung **3**, VEB Deutscher Verlag der Wissenschaften, Berlin 1973

FLORATH, P.: A two-stage sequential pattern classification approach. II. Intern. Conf. Artificial Intelligence and Information – Control Systems of Robots. Smolenice (CSSR) Oct. 1982

FRITZSCH, K.: Adaptive Mehrschrittalgorithmen zur Extremalsteuerung im nichtstationären Betrieb, in: Lernende Systeme, ZKI-Informationen 1/1976, Berlin, (a)

FRITZSCH, K.: Lernfähige zweidimensionale Merkmalsfilter, in: Kybernetik-Forschung **6**, VEB Deutscher Verlag der Wissenschaften, Berlin 1976, (b)

FRITZSCH, K.: Gewinnung metrischer Merkmale mit Hilfe lernfähiger technischer Systeme zum Zwecke der Mustererkennung. Dissertation B, TU Dresden 1976, (c)

FUKUNAGA, K.: Introduction to Statistical Pattern Recognition. Academic Press, New York 1972

GÖSSEL, M.: Angewandte Automatentheorie. Akademie-Verlag, Berlin 1972

KOONTZ, W. L. G./NARENDA, P. M./FUKUNAGA, K.: A Branch and Bound Clustering Algorithm. IEEE Trans. Comp. **C-24** (1975) 908–915

KOWALEWSKIJ, W. A.: Metody optimalnych reschenij w rasposnawanii isobraschenij. Nauka, Moskwa 1976

LANDGREBE, D. A. in: Manual of Remote Sensing, S. 768 (Reeves, R. G./ Anson, A./Landen, D.) American Society of Photogrammetry, Virginia 1975

LANDGREBE, D. A.: The Development of a Spectral-Spatial Classifier for Earth Observational Data. Pattern Recognition 12 (1980) 165 bis 175

LERNER, A.: Grundzüge der Kybernetik. (Übers. a. d. Russ.) VEB Verlag Technik, Berlin 1970

MEISEL, W. S.: Computer-Oriented Approaches to Pattern Recognition. Academic Press, New York 1972

MENDEL, J. M./FU, K. S.: Adaptive Learning and Pattern Recognition Systems-Theory and Applications. Academic Press, New York 1970

MENZEL, W.: Theorie der Lernsysteme. Springer, Berlin 1970

MEYER-BRÖTZ, G./SCHÜRMANN, J.: Methoden der automatischen Zeichenerkennung. Akademie-Verlag, Berlin 1970

MINSKY, M./PAPERT, S.: Perceptrons. MIT Press, Cambridge 1969

NIEMANN, H.: Methoden der Mustererkennung. Akademische Verlagsgesellschaft, Frankfurt am Main 1974

NILSSON, N. J.: Learning Machines. McGraw-Hill, New York 1965

NOVIKOFF, A. B. J.: On convergence proofs for perceptrons. Proc. Symp. on Math. Theory of Automata (Polytechnic Institute of Brooklyn/ New York 1962) 12 (1963), 615–622

PEIPMANN, R.: Grundlagen der technischen Erkennung. VEB Verlag Technik, Berlin 1975

RÖSLER, U./FRITZSCH, K.: Some Recognition Methods For Industrial Parts. I. Intern. Conf. Artificial Intelligence and Information Control Systems of Robots. Smolenice (CSSR) 1980

ROSENBLATT, F.: Principles of Neurodynamics. Spartan Books, Washington 1962

SCHOENBORN, W.: Klassifikation mit adaptiven Mehrfachschwellenwertelementen. Nachrichtentechnik · Elektronik 28 (1978) 469–473

SCHOENBORN, W./STANKE, G.: Convergence Properties of Adaptive Threshold Elements in Respect to Application and Implementation. Kybernetika 16 (1980) 159–171

SCHOLZ, D./FUHS, N./HIXSON, M.: An Evaluation of Several Different Classification Schemes: Their Parameters and Performance. Proc. 13. Intern. Symp. Remote Sensing of Environment, S. 1143–1149, Michigan 1979

SCHÜRMANN, J.: Zur Zeichen- und Worterkennung beim automatischen Anschriftenlesen. Wiss. Ber. AEG-Telefunken 52 (1979) 31–38

SKLANSKY, J./WASSEL, G. N.: Pattern Classifiers and Trainable Machines. Springer-Verlag, Berlin 1981

STANKE, G.: Untersuchungen zu Synthese- und Belehrungsverfahren für Netzwerke aus adaptiven Schwellenwertkreisen. Dissertation, Berlin 1975

STANKE, G./SCHOENBORN, W.: Kostenoptimierung bei Zweiklassenproblemen durch Adaption einer Rückweisungszone, in: Lernende Systeme, ZKI-Informationen 3/1976, Berlin

Stanke, G.: Adaption of Parallel Classification Hyperplanes for Two-Class-Problems with Optimizing a Performance Function. Proc. 5. IJCPR, Miami 1980

Steinbuch, K.: Taschenbuch der Nachrichtenverarbeitung, Springer, Berlin 1967

Toussaint, G. T.: Bibliography of Misclassification. IEEE Trans. Inf. Th. **IT-20** (1974) 472–479

Unger, S./Stanke, G.: Eigenschaften einer erzeugenden Regressionsfunktion für Klassifizierungsalgorithmen nach dem Fehlerkorrekturprinzip, in: Kybernetik-Forschung 4, VEB Deutscher Verlag der Wissenschaften, Berlin 1974

Unger, S./Wysotzki, F.: Lernfähige Klassifizierungssysteme. Akademie-Verlag, Berlin 1981

Wapnik, W. N./Tscherwonenkis, A. J.: Theorie der Zeichenerkennung. (Übers. a. d. Russ.) Akademie-Verlag, Berlin 1979

Young, T. Y./Calvert, T. W.: Classification, Estimation and Pattern Recognition. Elsevier, New York 1974

Zypkin, J. S.: Adaption und Lernen in kybernetischen Systemen. (Übers. a. d. Russ.) VEB Verlag Technik, Berlin 1970

Zypkin, J. S.: Grundlagen der Theorie lernender Systeme. (Übers. a. d. Russ.) VEB Verlag Technik, Berlin 1972

Lexikon der Kybernetik (Laux, G.) Akademie-Verlag, Berlin 1981

8. Sachwortverzeichnis

Die Autoren

- erläutern wichtige Grundbegriffe zu Lernprozessen, Lernstrukturen und Lernalgorithmen

- gehen auf die ausgewählten Anwendungsgebiete Merkmalsextraktion, Klassifikation und Clusterung ein

- veranschaulichen Algorithmen und Aussagen anhand von Beispielen und grafischen Darstellungen

- illustrieren die praktische Nutzbarkeit von Lernverfahren an Beispielen der Schriftzeichenerkennung, Teileerkennung für Industrieroboter und Interpretation von Multispektralaufnahmen der Erde

WISSENSCHAFTLICHE TASCHENBÜCHER